PUSTERTAL

Tauferer Tal · Ahrntal

KOMPASS Wanderbuch

Auflage 6-01 • ISBN 3-85491-408-3 • Verlagsnummer 955

Wegbeschreibungen: Friedrich Köck
Redaktion: KOMPASS-Karten GmbH, Rum/Innsbruck

Bildnachweis:
Titelbild: Burg Taufers (Dr. Gerd Wagner)
Innentitel: Niederdorf (Sepp Hackhofer)

Discacciati S. 73; Detlef Fiebrand S. 63; Friedrich Köck S. 51, 75, 105; Ludwig Mallaun S. 71; Robert Oberarzbacher S. 69, 107; Dr. Helmut Teutsch S. 6, 17, 20, 25, 27, 37, 80/81, 83, 89, 93, 97, 103, 117; Dr. Gerd Wagner S. 41, 55, 77.

Da die Angaben eines Wanderführers in der heute so schnellebigen Zeit fast ständig Veränderungen unterworfen sind, kann für die Richtigkeit keine absolute Gewähr übernommen werden. Auch lehrt die Erfahrung, daß Irrtümer nie ganz zu vermeiden sind. Für Berichtigungen und Verbesserungsvorschläge ist die Redaktion daher stets dankbar.
Korrekturhinweise bitte an folgende Anschrift:
KOMPASS-Karten GmbH, Kaplanstraße 2, A-6063 Rum/Innsbruck
Fax 0043/(0)512/26 55 61-8
e-mail: kompass@kompass.at
http://www.kompass.at

Vorwort

In der heutigen Zeit, in der Erholung und Entspannung wohl zu Recht große Bedeutung beigemessen wird, zieht es den Menschen hinaus in die Natur, um bei Freizeitaktivitäten den Alltagsstreß zu mindern.
Naturbelassene Landschaft und eine saubere Umwelt werden auch in der Zukunft immer mehr an Bedeutung gewinnen. Hier haben das Pustertal und seine Seitentäler im Hinblick auf den Fremdenverkehr schon vor Jahrzehnten vorgesorgt. — Wenn zudem noch die Ausflugsziele derart beschaffen sind, daß sie eine reiche Auswahl an Erholungsmöglichkeiten und Freizeiterlebnissen bieten, dann werden der Besucher und der Urlaubsgast gern wiederkehren.
In dieser Hinsicht ist Südtirol reich gesegnet, denn eng nebeneinander liegen Berge und Bergseen, Schlösser und andere Sehenswürdigkeiten, die von jahrtausendealter Geschichte berichten.
Die Anziehungskraft, die das Gebirge auf den Besucher und Aktivurlauber ausübt, machte das Pustertal mit seinen gegen die Zentralalpen und Dolomiten ziehenden Seitentälern vor Jahrhunderten zum gern besuchten Ziel, das zu allen Jahreszeiten den Ansprüchen des Gastes bestens nachkommt. Weit spannt sich die Palette der Tourenmöglichkeiten: Von der Wanderung auf der Pustertaler Sonnenterrasse bis zur Schusterplatte, vom Besuch der in imposanter Umgebung gelegenen Hochgallhütte bis zur Felsszenerie am Heiligkreuzkofel reicht der weitgespannte Bogen an empfehlenswerten Touren. Es war nicht einfach, aus der Vielzahl von Wanderzielen siebzig der schönsten Routen auszuwählen und dabei objektiv den Geschmack jedes Wanderers zu treffen. Von der Beschreibung von alpinen Hochtouren in der Gletscherregion der Zillertaler Alpen, Rieserferner- und Hochgallgruppe wurde bewußt Abstand genommen, da sie den Rahmen des Wanderbuches sprengen würden. Die Klettersteige in den Sextener Dolomiten sind nur bei guten äußeren Verhältnissen für trainierte und schwindelfreie Wanderer anzuraten, dann aber sehr empfehlenswert.
Übersichtliche Kärtchen erleichtern das Zurechtfinden während der Wanderung, und über das Bemerkenswerte am Wegrand gibt das Ortsverzeichnis umfassende Auskunft. So wird sicherlich auch dieses KOMPASS-Wanderbuch seine Freunde finden, die im Pustertal, Tauferer-, Rain- und Ahrntal, im Antholzertal und Gsiesertal, Pragsertal und Gadertal den Urlaub und ihre Freizeit verbringen.

Schöne Tage wünscht Ihnen
Ihre KOMPASS-Redaktion

Inhaltsverzeichnis

Pustertal

Das Pustertal ist die drittgrößte Talschaft Südtirols. Seine Bedeutung liegt im alten Kultur- und Wirtschaftsraum begründet.
Dieses alpine Längstal verläuft in ost-westlicher Richtung und beginnt auf italienischem Staatsgebiet bei der Grenze zu Österreich nahe Innichen und setzt sich dann westwärts bis zur Mühlbacher Klause unweit von Brixen und Franzensfeste fort, wo es in das Eisacktal einmündet. Die Entwässerung bildet in westlicher Richtung bis zum Toblacher Feld die Rienz; von Toblach aus östlich fließt die Drau durch den Osttiroler Teil des Pustertals in Richtung Lienz und weiter nach Kärnten.
Bedingt durch die alpine Höhenlage (von 750 m Seehöhe ansteigend) ist keine dichte Besiedlung vorhanden. Es überwiegen daher in der Landschaft Wiesen, Äcker und vor allem große Nadelwaldflächen. Unterbrochen werden diese lediglich durch malerische Dörfer und kleine Ansiedlungen sowie sehr verstreut gelegene Bergbauerngehöfte. Eine Ausnahme bildet das Brunecker Becken mit dem Hauptort des Pustertales, welcher mit 11.560 Einwohnern den wirtschaftlichen und kulturellen Mittelpunkt dieses Landschaftsbereiches bildet. Umgeben wird das Pustertal von zahlreichen Seitentälern, wobei manche ob ihrer Länge und günstigen Verkehrslage als bedeutend zu bezeichnen sind. So das bei Bruneck beginnende Tauferer Tal Richtung Norden, welches sich bei Sand i. Taufers in sternförmig abzweigende Täler aufteilt, von denen das Ahrntal als das bedeutendste zu bezeichnen ist. Dieses Tal mit seinen Ausläufern bildet zum einen den äußersten Nordzipfel des italienischen Staatsgebietes und reicht zum anderen bis in die gletscherbedeckte Hochgebirgswelt der Zillertaler Alpen, Rieserferner- und Venedigergruppe hinein. Als Verkehrsweg ist von den nördlichen Tälern noch das Antholzer Tal von Bedeutung, wo der landschaftlich äußerst schön gelegene Staller Sattel — mit seinen 2.052 m allerdings nur in den Sommermonaten befahrbar — die Verbindung zum Osttiroler Defereggental herstellt.
Von den südlich verlaufenden Tälern führen uns das Sextener Tal und das Höhlensteintal in das jedem Bergsteiger bekannte Gebiet der Sextener Dolomiten mit ihren berühmten Drei Zinnen (knapp unter 3.000 m) sowie das Gadertal zu weiteren Nordausläufern der Dolomiten wie Kreuzkofel- und Sellagruppe.
Wirtschaftsfaktor Nummer Eins ist, wie in vielen Alpentälern, auch in dieser Gegend der Fremdenverkehr, der sich auch in diesem Gebiet stets den Gegebenheiten anpaßt und neue Bereiche für den Tourismus erschließt. Hat der Kletter- und Wandertourismus in den traditionellen Luftkurorten des oberen Pustertales wie im Toblacher Feld bereits lange Tradition, die in die österreichische Kaiserzeit zurückreicht, so sind mit Hilfe moderner Seilbahn- und Liftanlagen Berge wie der Kronplatz bei Bruneck, der Speikboden oder Klausberg für den Skitourismus erschlossen worden. Dazu kommt die bekannte Südtiroler Gastlichkeit sowie eine Küche, die es verstand, auch die angenehmsten Seiten der italienischen Küche in passender Weise zu integrieren.

◂ Rein mit Bachertal und Riesernock, 2932 m

Neben den touristischen Einrichtungen findet der Besucher aber in der Abgeschiedenheit mancher Täler und Landschaften auch das, was man heute mit dem weitläufigen Begriff »unberührte Landschaft« zusammenfaßt. Zählen die südlich gelegenen Seitentäler schon seit jeher zu Touristenzentren (die Kronplatzhütte bei Bruneck wurde beispielsweise 1895 erbaut) so ist allein aufgrund seiner geographischen Lage das Ahrntal abgeschieden geblieben.
Nicht verschont blieb ob seiner strategischen Bedeutung dieser schöne Fleck Erde in den Wirren des Ersten Weltkrieges. Zog sich doch der Frontverlauf von den Karnischen Alpen über die Dolomiten, wo heute noch zahlreiche Denkmäler von einstiger Kampftätigkeit zeugen, von welcher viele Pustertaler Orte wie Toblach stark heimgesucht wurden. Heute jedoch werden die einstigen Naturfestungen nur noch auf friedliche Weise vom Wanderer und Gipfelstürmer »erobert« – und dazu ist jedermann im Pustertal herzlich eingeladen.

Siedlungsgeschichte

Als die Römer etwa im 2. Jh. v. Chr. mit den Alpenbewohnern in Berührung kamen, waren vor ihnen bereits Ligurer, Etrusker, Kelten und Illyrer Siedler in diesem Gebiet gewesen. Diese hatten eine gut entwickelte Kultur und bereiteten den eindringenden Römern durch gut passierbare Alpenpässe den Weg. Trotz der damaligen beginnenden Blüte des Römischen Reiches und dessen militärischer Überlegenheit gelang es den Römern jedoch nie, dieses Gebiet zu »romanisieren«, d. h. es wurde lediglich eine Besetzung des Gebietes vorgenommen, die durch Errichtung von Truppenstützpunkten und den Bau weiterer Straßen dokumentiert wurde. So führte ein solcher Verkehrsweg durch das Pustertal, wo römische Siedlungen wie Sebatum (im Brunecker Becken) und Littamum (am Toblacher Feld) gegründet wurden. Das 5. Jh. brachte den Untergang des Römischen Reiches. Die von den Römern benutzten Straßen wurden nun von Germanenvölkern zum Sturm auf die italische Halbinsel benutzt. Doch ihre Herrschaft, wie auch die der Ostgoten und der Langobarden war kurz und beeinflußte die in den alpinen Tälern im Bereich der Dolomiten ansässige rätoromanische Bevölkerung nur sehr gering oder überhaupt nicht. Dies geschah später durch die nun stetig von Norden eindringenden Alemannen und Baiern, die sich auch im Pustertal seßhaft machten. Im 8. Jahrhundert fiel dieser Bereich unter fränkische Herrschaft, unter Otto dem Großen wurde 952 die Grafschaft Trient dem Herzogtum Bayern einverleibt.
Kurz darauf begann jedoch auch der Einfluß kirchlicher Politik immer stärker auf diesen Raum überzugreifen; so erhielten nacheinander der Bischof von Brixen und der Bischof von Trient die Herrschaft über das Pustertal. Die weltliche Verwaltung wurde jedoch von den Bischöfen an Adelige übergeben, von denen sich im Laufe der Zeit innerhalb der Wirren im Bayrischen Herzogtum die Grafen von Tirol als die glücklicheren und geschicktesten erwiesen. In der Folge drang italienischer Einfluß bis an die südliche Alpengrenze vor, besonders dann, wenn auf dem Trientiner Bischofsstuhl ein Italiener saß. Dieser Einfluß erreichte jedoch die inzwischen bestehende Grafschaft Tirol nicht mehr. Viel mehr wurde durch den Trientiner Vertrag von

1363, herbeigeführt zwischen dem Kärntner Graf Albert von Ortenburg und Herzog Rudolf, die Vereinigung Tirols mit Österreich besiegelt, was in der Geschichte des Landes eine Wende bedeutete.
Zeitweise war nun das Pustertal mit wenigen Ausnahmen, die sich im kirchlichen Besitz befanden, unter der Grafschaft Görz, dann wieder eingegliedert in der Grafschaft Tirol. Nicht unbedeutend war in der Zwischenzeit auch das kulturelle Schaffen in diesem Raum geworden. Einer der größten Meister dieser Zeit war Michael Pacher aus Bruneck, Schöpfer zahlreicher Flügelaltäre.
Nachdem im Jahre 1422 durch den Tod Leonhards von Görz das Pustertal endgültig an Österreich unter Maximilian I. gefallen war, wurde der Südtiroler Raum in den Napoleonischen Kriegen heiß umkämpft. Südtirol spielte im Tiroler Heldenjahr 1809 unter seinem berühmten Sohn Andreas Hofer eine tragende Rolle, ebenso auch das Pustertal mit seinen Schützenkompanien. Dies bewiesen nach ersten Tiroler Erfolgen die darauffolgenden Rachefeldzüge der Franzosen durch das Pustertal, die dann in einer politischen Aufteilung des Pustertales an Bayern, Illyrien und Italien gipfelten. Nach den Niederlagen Napoleons kam die Grafschaft Tirol wieder zu Österreich und mußte dann ein knappes Jahrhundert später die Wirrren des Ersten Weltkrieges über sich ergehen lassen, wobei den Pustertaler Standschützen die Hauptlast der Verteidigung überantwortet wurde. Nach der Niederlage Österreich-Ungarns wurde durch den Vertrag von St. Germain die Staatsgrenze Italiens nach Norden in den Alpenhauptkamm gerückt und so kam das Pustertal als bisheriger Hauptverkehrsweg zwischen Innsbruck und Lienz zu Italien. Südtirol erhielt nun starken Zuzug an italienischer Bevölkerung, der sich aber in vielen Tälern in Grenzen hielt. Nach dem Zweiten Weltkrieg begann, forciert durch den Fremdenverkehr, ein starker Aufschwung. Durch den Bau der Brennerautobahn im benachbarten Eisacktal stieg die Bedeutung als wichtiger Verkehrsweg weiter.

Geologie

Geologisch gesehen spricht man von einer »Pustertaler Linie«, welche die Grenze zwischen den Zentralalpen und den Südalpen bildet. Diese Linie ist ein Teil der beim Bau der Alpen entstandenen Fuge, die oberhalb der Poebene ihren Anfang nimmt und bis in das pannonische Becken hinein reicht. Westlich der Pustertaler Linie setzt sich diese in Form der »Judikarienlinie« fort, in östlicher Richtung bildet die »Gailtallinie« die Fortsetzung. Im Detail betrachtet, beginnt diese Linie bei Mauls im Eisacktal, verläuft dann bis Bruneck an der Nordseite des Tals, setzt dann noch ein Stück nordseitig fort, überquert das Antholzer Tal und zieht dann bis an den Bug des Gsieser Tales. Von hier kann man dann dem weiteren Verlauf sogar auf der Karte durch eine deutliche Senke weiter folgen, die sich von Unterplanken über Frondeigen, St. Silvester, Winnebach zieht und dann nahe bei Sillian in das Drautal einmündet. Gesamt wird diese Trennungslinie auch als »Periadriatische Naht« bezeichnet und stellt eine bedeutende Erdbebenlinie dar. Geschichtlich sind an dieser Linie bereits Erdbeben bis zu 8 Grad der 12teiligen Mercalliskala nachweisbar.

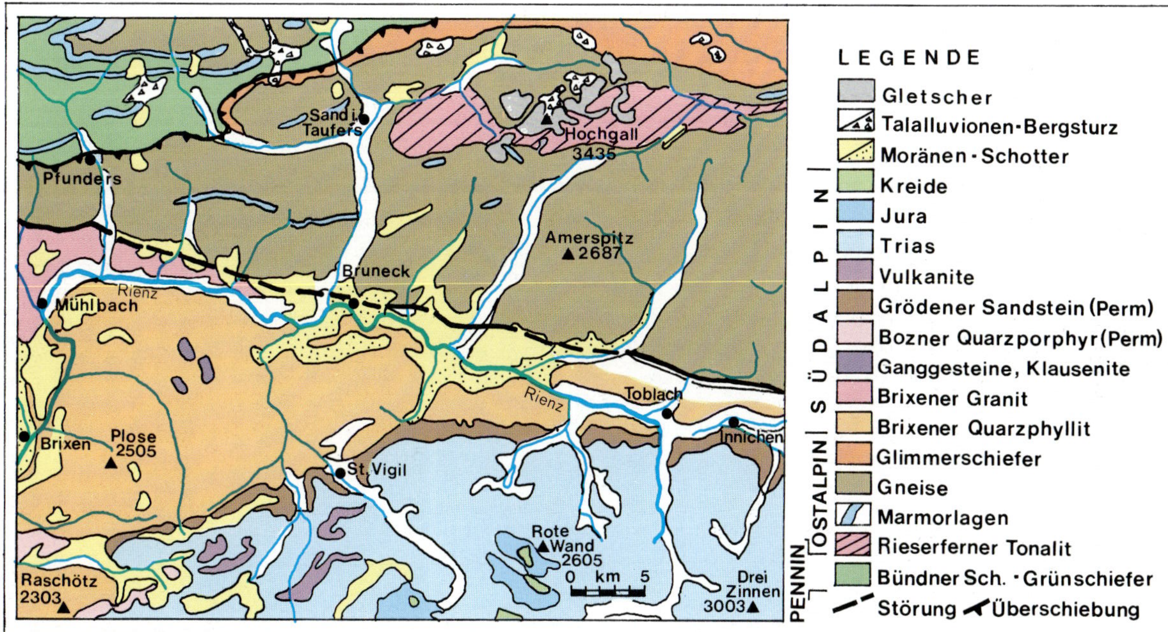

Sand i. Taufers
Hochgall
3435
Pfunders
Amerspitz
▲2687
Bruneck
Rienz
Mühlbach
Rienz
Toblach
Innichen
Brixen
Plose
2505
St. Vigil
Rote
▲Wand
2605
0 km 5
Drei
Zinnen
3003▲
Raschötz
2303▲
LEGENDE
Gletscher
Talalluvionen-Bergsturz
Moränen-Schotter
Kreide
Jura
Trias
Vulkanite
Grödener Sandstein (Perm)
Bozner Quarzporphyr (Perm)
Ganggesteine, Klausenite
Brixener Granit
Brixener Quarzphyllit
Glimmerschiefer
Gneise
Marmorlagen
Rieserferner Tonalit
Bündner Sch. · Grünschiefer
Störung
Überschiebung
SÜDALPIN
OSTALPIN
PENNIN

Diese genannte Grenze teilt daher den gesamten Pustertaler Raum in zwei völlig verschiedene Gesteinszonen: In den südalpinen »Brixener Quarzphyllit« mit seinen permisch-mesozoischen Ablagerungen, welche die Dolomiten bilden, sowie im Nordbereich in die Zentralalpine Gneiszone.

Die Dolomiten selbst sind eine der interessantesten und merkwürdigsten Gebirgsgruppen der Alpen. Was ihnen fehlt, ist die Bildung eines beherrschenden Hauptkammes. Aber der Formenreichtum, die Kühnheit und die Wildheit ihrer Erscheinung muß als fast einzigartig bezeichnet werden. Den Sockel bilden kristalline Schiefer und eine Platte von quarzhaltigem Porphyr, darauf baut sich das eigentliche Gestein aus der Triasformation auf. Dominierend ist dabei ein unterschiedlich von der Verwitterung beeinflußter magnesiahältiger Kalkstein, der dem Gebirgszug seinen formenreichen Charakter verleiht. Das Gestein selbst ist äußerst wasserdurchlässig, was der Wanderer und Kletterer in dieser Region berücksichtigen muß, denn er wird auf den Hochplateaus kaum Wasser vorfinden.

Deshalb und auch wegen der relativ geringen Höhe sind in den Dolomiten Gletscher eher selten; die größten befinden sich in den südlichen Dolomiten wie an der Marmolada. Die Bildung der Talformen wird durch tief eingeschnittene Täler charakterisiert, welche die Gesamtregion in einzelne Teilabschnitte trennen. Daher sprechen wir auch von den Sextener, Ampezzaner, Cadorischen, Pragser, Enneberger, Villnößer, Grödener, Fassaner Dolomiten und den Dolomiten von Primiero. Selbst innerhalb der genannten Gruppen gibt es zum Teil sehr selbständig auftretende Gebirgsformen, die sich von der Umgebung optisch stark abheben, das bekannteste Beispiel dafür sind wohl die »Drei Zinnen« in den Sextener Dolomiten.

Nördlich der »Pustertaler Linie« beginnt die Zone der »Alten Gneise«. Diese Zone besteht zum größten Teil aus alten kristallinen Schiefern, ihrem Ursprung nach in Para- und Orthogneise unterteilbar. Weiters noch Reste der zentralalpinen und nordalpinen Trias. Geprägt wurden, wie häufig in den Zentralalpen, die Talformen durch eiszeitliche Ausformungen. Talsohlen wurden durch Flußschotter verschüttet, abfließende Gewässer rissen tiefe Furchen und führten zu Murbrüchen. Dadurch wurden Schuttkegel angeschwemmt wie der von Toblach, der heute die Wasserscheide zwischen Rienz und Drau bildet. Optisch gesehen unterscheiden sich also diese zentralalpinen Gneise von den formenreichen Dolomiten durch ihre langen Kämme mit aufgesetzten Spitzen von massivem, dunklem Gestein, zwischen denen sich Gletscher und große Firnfelder ausbreiten.

Zu den großen Gletschern in dieser Region zählen ganz im Norden gelegene wie der Nevesferner im Lappachtal, das Lahnerkees im Nordostzipfel des Ahrntales, der Lenkstein- und Rieserferner in der gleichnamigen Gruppe und zahlreiche weitere Gletscher, die sich vor allem an der Südseite der Zillertaler Alpen befinden. Zu bemerken sei auch noch die Tatsache, daß der Zentralalpenkamm eine bedeutsame Wetterscheide bildet, Witterungsänderungen also daher oft sehr rasch und plötzlich erfolgen können, während im südlicher gelegenen Dolomitenbereich die Schönwetterlage beständiger sein kann.

Pflanzen- und Tierwelt

In fast allen Dolomitentälern finden wir prächtigen Hochwald, vorwiegend Fichten und Kiefern, in höheren Lagen Lärchen, teilweise auch Zirben. Die Baumgrenze ist wesentlich höher als in den Nördlichen Kalkalpen. Liegt sie dort bei etwa 1.500 m, reicht sie hier in Regionen bis über 2.000 m empor. Darüber ändert sich dann plötzlich das Bild. Sind wir von den Zentralalpen her gewohnt, daß nach der Waldgrenze sich Almmatten und Latschenregionen fortsetzen, so steigen im Dolomitengebirge senkrechte weißgraue Felswände auf, die scheinbar pflanzenleer sind.

Trotzdem kann man in den Dolomiten von einer sehr reichen Alpenflora sprechen. Hier ist das Wachstum üppiger, fröhlicher das Blühen als in den übrigen Alpengebieten. Viele Almen sind durch ihre prachtvolle Wiesenblüte bekannt. An dieser Stelle ist gleich eines der wichtigsten Gebote für Wanderer und Bergsteiger zu erwähnen: Auch die Landesgesetze Südtirols haben zahlreiche Pflanzen aus der prachtvollen Alpenflora dieser Gebiete unter Schutz gestellt und es gibt daher ein absolutes Pflückverbot für folgende Pflanzenarten: Schwefelanemone, Gemeiner Frauenschuh, Kahles Steinrösl, Zwergsteinrösl, Feuerlilie, Türkenbund, Großes Schneeglöckchen, Weiße Seerose, Gelbe Teichrose, Weiße Narzisse, Rohrkolben, Gemeiner Spechtwurz, Pfingstrose, Aurikel, Teufelskralle sowie das Edelweiß. Von allen übrigen wildlebenden Pflanzen dürfen pro Tag und Person höchstens 10 Exemplare gepflückt werden. Man tut im Interesse dieser zum Teil außergewöhnlichen Flora gut daran, möglichst wenige Blumen zu pflücken.

Die Lebensbedingungen der Pflanzen sind hier natürlich äußerst unterschiedlich. Kalkböden sind wasserdurchlässiger, trockener und wärmer, Silikatböden sind feuchter und kühler. In sauren Böden sind Mineralstoffe im Boden gelöst und daher für die Pflanzen leichter aufzunehmen, sie werden dadurch aber auch leichter in tiefere Bodenschichten ausgewaschen. In den Kalkböden sind viele Mineralstoffe schwer löslich und aus diesem Grund auch für die Pflanzen schwerer zugänglich. Manche Plätze können daher, besonders in der Dolomitenregion, als Extremstandorte bezeichnet werden. Doch selbst der nackte Dolomitenfels ist nicht frei von Pflanzen. Blaualgen, Grünalgen und Krustenflechten bedecken große Flächen und sind bisweilen ins Gestein eingedrungen. Kennzeichnend dafür sind von einiger Entfernung sichtbare dunkle Striche in den Felswänden, die von Blaualgen gebildet werden. In einigen Felsspalten sind aber auch einige der schönsten Blumen zu finden; so z. B. die prachtvolle Dolomiten-Teufelskralle, das Blaue Mänderle, das Felsen-Kugelschötchen und die hellblaue Dolomiten-Akelei. Bevorzugte Plätze dieser Pflanzen sind etwas feuchtere, ostexponierte Felsspalten wie im Höhlensteintal, südlich des Toblacher Feldes. Im übrigen ist die Vegetation sehr vielfältig, im Nordteil blickt manch liebliches Pflänzchen oft recht zaghaft hervor, welches zur selben Jahreszeit in den südlicheren Gebieten, bedingt durch den stärkeren Mittelmeereinfluß, üppig in Blüte steht. Dies erklärt auch die Tatsache, daß das Pustertal von einer Besonderheit, die Südtirol berühmt macht, nahezu ausgeschlossen ist: vom Obst- und Weinbau. Die Höhenlage läßt daher ausgedehntere Obstkulturen höchstens im äußersten Westteil, im Über-

gang zum Eisacktal zu. Im Talinneren dominiert in der Agrarfläche der Akkerbau.
Zur Tierwelt sei zu sagen, daß die Dolomiten leider nicht mehr als ausgesprochenes Wildgebiet zu bezeichnen sind. Etwas anders sieht es da noch in den Talregionen nördlich des Pustertales aus. Dies ist auf verschiedene äußere Einflüsse, mehrheitlich aber auf den des Menschen zurückzuführen. Zu den bekanntesten Vertretern alpiner Tierarten zählt die Gemse, die im Hochgebirge auch heute noch häufig vorzufinden ist. Im Aufschwung begriffen ist der Rehbestand in den Bergwäldern, seltener der Hirsch. Iltis und Fischotter gelten in diesem Gebiet so gut wie ausgerottet, dagegen zeugt ein manchmal zu erblickender Dachs- oder Fuchsbau vom Vorhandensein dieser Lebewesen. Ebenso gilt dies für den Edelmarder. Zu den häufiger vorkommenden Arten gehören ferner Murmeltiere, Mauswiesel, Waldhasen und auch das Eichhörnchen. Viele Mausarten, die je nach Bodenbeschaffenheit und Höhenlage mehr oder weniger häufig vorkommen, runden die Nagetiere ab; auffallend unter diesen ist die zu den Wühlmäusen gehörende Schneemaus, die — wenn auch selten — bis ins Drei-Zinnen-Gebiet hinauf vorzufinden ist. Zu den häufigsten gefiederten Tierarten zählen Alpendohlen, die meist in der Nähe der Schutzhütten zur Futtersuche ausschwärmen. In den Bergwäldern ist der Auerhahn selten anzutreffen. Prachtvoll ist es, dem Kreisen des Steinadlers zusehen zu können, der nach wie vor durch sein Vorhandensein für das Gleichgewicht in der Natur (seine Beute sind kranke und schwache Tiere) eine bedeutende Rolle spielt. Als weitere Greifvögel sind der Habicht, Mäusebussard, Sperber und der Turmfalke zu nennen. In den Wäldern hört man manchmal noch einzelne Kauzarten. Dagegen ist eine Vielfalt an bekannten Singvogelarten vorhanden.
Unter den Reptilien ist die giftige Kreuzotter der häufigste Vertreter ihrer Art. Bereits seltener ist in den Dolomiten die schwarze Höhlenotter. Auch einige Eidechsen- und Salamanderarten, Blindschleichen und verschiedene Froscharten finden sich in und um die zahlreichen Tümpel und kleineren Seen. Auch der Tierschutz hat in Südtirol seine Gesetze. So ist dadurch jeder Vogelfang verboten; unter besonderem Schutz befinden sich 25 seltene oder im Bestand bedrohte Tierarten Maulwurf, Igel, Ringelnatter, Äskulapnatter, Blindschleiche, Laubfrosch, Feuersalamander, Rote Waldameise, Gottesanbeterin und der Flußkrebs, um nur einige aus dieser Liste zu nennen.Dieser kurze Überblick über die so vielfältige Flora und Fauna soll für den Wanderer eine kleine Anregung sein, die Touren zu genießen, indem er durch Wertschätzung dieser Schönheiten nicht nur zum Betrachter, sondern auch zum Erhalter der Besonderheiten der Bergwelt wird.

Alpines Notsignal: Sechsmal *innerhalb einer Minute in regelmäßigen Zeitabständen ein sichtbares oder hörbares Zeichen geben und hierauf eine Pause von einer Minute eintreten lassen. Das gleiche wird wiederholt, bis Antwort erfolgt.*

Antwort: *Innerhalb einer Minute wird* ***dreimal*** *in regelmäßigen Zeitabständen ein sichtbares oder hörbares Zeichen gegeben.*

Pustertal – ein Ziel zu jeder Jahreszeit

Der Besucher des Pustertales und seiner Seitentäler wird grundsätzlich in diesem Raum zwei Gegensätze feststellen, von denen dieses Gebiet geprägt wird: zum einen vom Pustertal selbst als jahrhundertealter Verkehrsweg, der seine Spuren zu allen Zeiten des Jahres hinterläßt; zum anderen die Unberührtheit von allen äußeren Einflüssen, welche sich in der Natur, der Bevölkerung und auch in der Sprache niederschlägt. Talschaften, die in ihrer Abgeschiedenheit für den Wanderer auch oft mitten in der Fremdenverkehrssaison zum Vor-sich-Hinträumen einladen, als Kulisse oft ein für das Auge herrlicher Anblick im Talschluß: kleine Seen, die ob ihrer verborgenen Lage und mangels aufgeschlossener Verkehrswege (und auch der niedrigen Temperaturen wegen) vom Massentourismus verschont bleiben. All solche Kleinode prägen das Gesicht dieser Landschaften.
Natürlich kann der Besucher des Pustertals auch alles andere, was der »Sommergast« wünscht, erfüllt bekommen. Beginnend bei einer traditionell guten Beherbergung sowie einer qualitativ ausgezeichneten Gastronomie haben die einzelnen Gemeinden auch für entsprechende touristische Einrichtungen gesorgt, durch welche der Gast als Alternative zur Erholung und Ruhe in den genannten Talschaften auch verschiedenste Betätigungsmöglichkeiten vorfindet.
Ist der Tourist auch mit entsprechender Fotoausrüstung unterwegs, so sei ihm dafür als Jahreszeit der Herbst nahegelegt. Dann wird er aufgrund der oft bilderbuchhaft klaren Witterungsverhältnisse Eindrücke festhalten können, wie sie ihm in Prospekten versprochen wurden. Die Rede ist dabei von klassischen Fotomotiven wie den Drei Zinnen in den Sextner Dolomiten oder dem Pragser Wildsee im Pragser Tal.
Was der Winter in Südtirol allgemein verspricht, hält er im besonderen auch im Pustertaler und im Dolomitengebiet. Ist das südliche Einzugsgebiet schon seit jeher Eldorado für Alpinskiläufer gewesen, genauso wie für zahlreiche Tourengeher, so ist in jüngster Zeit in nördlichen Talschaften neben dem alpinen auch der nordische Skisport stark im Aufwind. Loipen, die durch selektives, tiefverschneites Hochwaldgelände führen, locken Langlaufenthusiasten in Gegenden wie in den Antholzer Raum und andere Täler.
Auch das Frühjahr läßt natürlich keine Wünsche offen, schon gar nicht für Freunde einer prachtvoll blühenden Alpenflora, die sich hier südlich des Alpenhauptkammes ja bereits meist etwas früher und vor allem üppiger herauswagt.
Und sollte doch einmal die eigentlich vorherrschende Schönwetterlage ihr Gesicht ändern, so sei auch erwähnt, daß das Pustertal als historischer Verkehrsweg seine Spuren aus vergangenen Jahrhunderten aufweist, z. B. in Form einiger Burgen, wie wir sie in ganz Südtirol vorfinden. Besonders interessant sind die Exponate im Südtiroler Landesmuseum in Dietenheim. Die Besichtigung solcher Zeitzeugen wie auch Veranstaltungen in Bruneck und anderen größeren Orten runden das Gesamtbild des Pustertales als solches ab – als ein Ziel zu jeder Jahreszeit.

Allgemeine Tips für Wanderungen und Bergtouren

Die **Ausrüstung,** die wir auf unsere Bergfahrten mitnehmen, richtet sich nach der Dauer und dem Schwierigkeitsgrad unserer Unternehmung. Für leichte Touren genügen feste Wanderschuhe, ein kleiner Rucksack für Regen- und Kälteschutz, sowie für etwas Proviant. Für Ausflüge in die höheren Regionen sind zusätzlich Sonnencreme und -brille, Handschuhe, Mütze und Reservewäsche erforderlich. Die **Wanderapotheke** wird hoffentlich ungebraucht im Rucksack bleiben, doch bei Abschürfungen sind eine desinfizierende Salbe und ein Hansaplast gewiß willkommen, wie auch ein paar Sicherheitsnadeln, falls beim Abstieg der Hosenstoff leiden sollte. Hochtouren sollten grundsätzlich nur mit einem erfahrenen Bergführer unternommen werden. In den Talorten stehen behördlich autorisierte Führer zur Verfügung, die einen sicheren Gipfelsieg gewährleisten.

Die Beschaffenheit des Hochgebirges bringt es mit sich, daß viele Routen ausgesetzt sind, die Schwindelfreiheit erfordern und daher wiederholt auf vernünftiges Schuhwerk hingewiesen werden muß. Wenn wir mit Kindern unterwegs sind, so erweist sich ein kurzes Bergseil (10 m) als große Hilfe.

Bei Unfällen ist die nächste Bergrettungsstelle zu verständigen. Ist direkte Hilfeanforderung unmöglich, kann durch das **alpine Notsignal** Hilfe herbeigeholt werden. **Hilfeanforderung:** 6 Signale pro Minute in Abständen von je 10 Sekunden, eine Minute Pause, wieder 6 Signale usw. **Antwort:** 3 Signale in einer Minute in Abständen von je 20 Sekunden, eine Minute Pause, dann wieder 3 Signale usw.

Die **Schwierigkeitseinteilung** leicht – mittel – nur für Geübte richtet sich nicht nach der UIAA Skala (von leicht bis äußerst schwierig), sondern wurde unter dem Gesichtspunkt der für einen durchschnittlichen Wanderer zu überwindenden Höhenmeter, der Schwierigkeit des Weges (Gletscherbegehung) und der Einkehr- und Rastpunkte ausgewählt. Die Schwierigkeit und der angegebene Zeitaufwand stellen unverbindliche Empfehlungen dar, – sie können je nach Witterungseinflüssen und Geländeverhältnissen von den angegebenen Werten mehr oder weniger abweichen.

Kennzeichnung der Schwierigkeit:

- ● (blau) leichte Wanderung, auch für Kinder geeignet!
- ● (rot) mittelschwere Wanderung
- ● (schwarz) schwere Wanderung, nur für geübte Berggeher!

Zeichenerklärung zu den Tourenprofilen:

- Gasthaus, Unterkunftshaus
- unbewirtschaftete Hütte, Unterstandsmöglichkeit
- Aussichtspunkt, Rundblick
- Seilbahn
- Sessellift

Issing und Pfalzen auf der Sonnenterrasse des Pustertals ▸

Unteres Pustertal

Unteres Pustertal

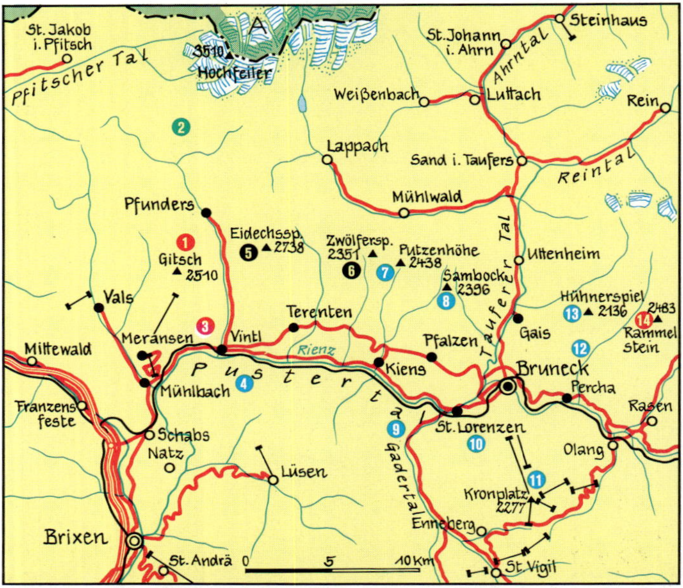

● Fremdenverkehrsverband, Verkehrsverein — Straße — Eisenbahn
Staatsgrenze — Seilbahn, Sessellift — ▲ Gipfel
❶ Lage der beschriebenen Wanderwege

Ortsbeschreibungen:

BRUNECK

Stadtgemeinde, Provinz Bozen, Einwohnerzahl: 12.650, Seehöhe: 835 m, Postleitzahl: I-39031.
Auskunft: Tourismusverein Bruneck. **Bahnstation:** im Ort. Busverbindung mit Brixen, Cortina d´Ampezzo und Corvara und in das Tauferer- und Ahrntal, Hochpustertal und Antholzer Tal.
Bergbahnen: Im 2 km entfernten Reischach: Gondelbahnen, Sessel- und Schlepplifte.

Die Stadt Bruneck ist der Hauptort des italienischen Teiles des Pustertales. Die Stadt, schon von alters her politischer und wirtschaftlicher Mittelpunkt des »Grünen Tales«, hat sich während der letzten Jahrzehnte nicht nur als Fremdenort, sondern auch als ein für die ganze Provinz nicht unbedeutendes Industriezentrum entwickelt. Dafür war nicht zuletzt die günstige Lage bestimmend. In das die Stadt umgebende Talbecken mündet vom Norden her das Tauferer Tal, vom Süden das ladinische Gadertal. Als Verkehrsknotenpunkt, dessen Linien einmal in Richtung Brenner und Bozen, dann wieder gegen Innichen, Cortina d'Ampezzo und Lienz, aber auch auf Corvara und Buchenstein zu verlaufen, steigerte sich die Bedeutung des Ortes von Jahr zu Jahr. Die ehrwürdige Altstadt gruppiert sich um den malerischen

Schloßberg, einen Besitz der Bischöfe von Brixen. Die Stadtgasse und der Ortsteil Oberragen mit ihren historischen Patrizierhäusern und Adelssitzen, darunter das Geburtshaus Michael Pachers, wie auch die vier alten Stadttore sind bekannte Sehenswürdigkeiten. Die neuere Stadt und ihre Vororte dehnen sich breit hingelagert zu beiden Seiten der Rienz aus. Der im Süden dicht über ihr aufsteigende Kalksteinhügel des Schloßbergs und sein Nachbar, das »Kühbergl«, schieben sich vor das sonnige Reischacher Plateau. Das dort gelegene Dorf gleichen Namens ist während der letzten Jahre zu einem bedeutenden Sommerfrische- und Wintererholungsort geworden. Hier befindet sich auch die Talstation der auf den 2.277 m hohen Kronplatz führenden Kabinenbahn. Der Kronplatz wird vielfach als der schönste Aussichtsberg Südtirols bezeichnet. Zu Bruneck gehört auch das langgestreckte, zahlreiche Pensionen zählende Dorf St. Georgen am Ufer des Ahrnbaches. Weitere Fraktionen sind die Dörfer Dietenheim, Stegen und Aufhofen. In Dietenheim und Aufhofen befinden sich eine Reihe besonders pittoresker Edelsitze. In Stegen findet jährlich im Oktober ein großer Markt statt. Bruneck ist Sitz eines Amtsgerichtes.

Stadtplan Bruneck (835m)

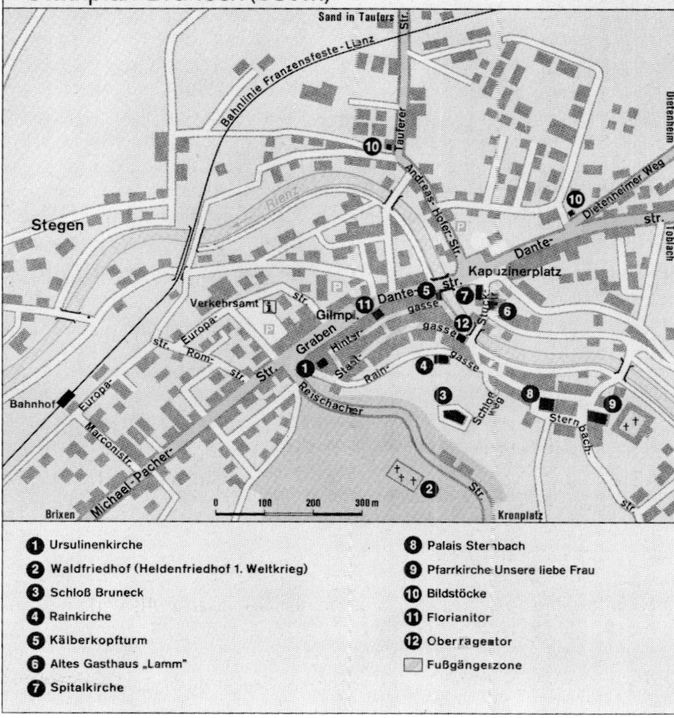

1 Ursulinenkirche
2 Waldfriedhof (Heldenfriedhof 1. Weltkrieg)
3 Schloß Bruneck
4 Rainkirche
5 Kälberkopfturm
6 Altes Gasthaus „Lamm"
7 Spitalkirche
8 Palais Sternbach
9 Pfarrkirche Unsere liebe Frau
10 Bildstöcke
11 Florianitor
12 Oberragentor
Fußgängerzone

Sehenswert

Die **Pfarrkirche,** 1850–1866 erbaut (Deckengemälde von Mader, Altarbildnisse von Hellweger. Am rechten Seitenaltar ein sehr wertvolles Kruzifix, ein Schnitzwerk Michael Pachers). – Die **Rainkirche** am Schloßberg, aus einer 1340 erbauten Kapelle entstanden, 1675 barockisiert, 1773 nach einem Brand neu errichtet, mit einer aus drei geschmolzenen Glocken gegossenen Glocke (am Turm verschiedene Wappen, Pietà und Kreuzigungsgruppe 15. Jh., im Turm eine noch heute allnächtlich besetzte Nachtwächterstube). – Die **Spitalkirche,** 1381 geweiht, 1758 neu umgebaut. – Die **Ursulinenkirche,** Heiligenfiguren aus dem 15. Jh. – Das **Geburtshaus Michael Pachers** in der Stadtgasse. – **Schloß Bruneck,** Sommersitz der Brixener Bischöfe, Baubeginn 1250, im 16. Jh. erweitert und erneuert, Dekorationsmalereien im Hof (über Architektur und Innenausstattung vgl. Bruneck-Führer des Fremdenverkehrsamtes). Um die Mitte des 15. Jh.s verteidigte sich Bischof Nikolaus von Kues, Cusanus, vergeblich auf der Burg gegen Herzog Sigismund von Tirol. Die Eroberung derselben erfolgte mit Hilfe der damals zum ersten Mal angewandten »Stücke« (Kanonen). Maximilian I., Karl V., Maria Theresia nahmen vorübergehend Aufenthalt auf Schloß Bruneck. Im Jahre 1809 wurde es von französischen Truppen gegen die Tiroler verteidigt. – Der **Bildstock** am Nordausgang der Stadt. – Das **Floriani-, Oberragen- und Ursulinentor.** – Das **»Hannes-Müller-Haus«** (mit Außenfresken von Meister St. Sigmund, 16. Jh.) – Das historische **Künstlerstüberl** beim »Lampl«-Wirt. – Der **Soldatenfriedhof,** 1915 von österr.-ungar. und deutschen Truppen angelegt (einer der schönsten Kriegerfriedhöfe). – Die **Brunecker Keramikwerkstätte.** – Die **Kunstweberei.** – Die Aussicht vom **Kronplatz** (Fernblick auf die Dolomiten und die gesamte Kette der Ostalpen). – Die **Lamprechtsburg.** – Die **Erdpyramiden** von Platten. – Die **Pfarrkirche St. Georg** in St. Georgen. – Die **Pfarrkirche von Aufhofen** mit wertvollen Glocken, 1514. – **Südtiroler Landesmuseum** (Volkskundemuseum) in Dietenheim. Bitte erfragen Sie die Besichtigungszeiten unter der Telefonnummer 0471/55 20 87.

GAIS

Gemeinde, Provinz Bozen, Einwohnerzahl: 2550, Seehöhe: 841 m, Postleitzahl: I-39030. **Auskunft:** Tourismusverein Gais und Tourismusverein Uttenheim. **Bahnstation:** Bruneck (5 km). Busverbindung mit Bruneck und Sand in Taufers.
Bergbahnen: siehe Bruneck.

Sehenswert

Die **Pfarrkirche,** ursprüngliche Bauform, 12. Jh., als christliche Kultstätte bereits 990 erwähnt, später mehrmals umgebaut (Fresken aus dem 15. und 16. Jh.). – Die **Friedhofkapelle,** gotisch (im Innern eine Pietà von Heinz Bacher). – Das **Pflegerhaus,** barock (im Innern Ausstellungen mit Werken der Bildschnitzer Alois und Heinz Bacher). – **Schloß Neuhaus,** 1225 Besitz der Herren von Taufers, später der Tiroler Grafen. Der Minnesänger Oswald von Wolkenstein verbrachte längere Zeit als Burghauptmann auf dem Schloß. – Die **Kehlburg** (während des 2. Weltkrieges ausgebrannt, einst-

Schloß Neuhaus

maliger Besitz der Brixener Bischöfe, seit dem 16. Jh. verschiedener Geschlechter, zuletzt eines slowakischen Bischofs).

In **Uttenheim:** Die Pfarrkirche (1774) steht an Stelle eines romanischen Bauwerks (970). Über dem Eingang: Votivbild von 1694. – **Ansitz Stock** (Holzdecken, Täfelungen und Rosettendecken), Gemälde des Lebens Davids. – Kapelle der Burgruine Uttenheim (romanischer Bau). – Mehrere Edelsitze.

In **Mühlbach:** Kirche (1517). – Dorfkapelle. – **Mühlbacher Heilbad** (höchstgelegenes in Südtirol).

KIENS

Gemeinde, Provinz Bozen, Einwohnerzahl: 2500, Seehöhe: 835 m, Postleitzahl: I-39030. **Auskunft:** Tourismusverein Kiens. **Bahnstation:** Ehrenburg (1 km). Busverbindung mit Brixen und Bruneck.

Bergbahnen: siehe Bruneck.

Die Pfarre Kiens zählt zu den ältesten des Pustertales. Während der Bauernkriege war sie häufig Versammlungsort der Wiedertäufergruppen. Die Kienser Schützen zeichneten sich besonders in den Berg-Isel-Schlachten im Tiroler Freiheitskrieg aus. Schloß Ehrenburg diente im 12. Jh. den Herren von Ehrenburg als Sitz. Die 1660 zu Grafen erhobenen Herren von Künigl sind heute noch Besitzer des Schlosses. Die Familie war eng mit dem letzten deutschen Kaiser Wilhelm II. verwandt.

Sehenswert

Die **Pfarrkirche Kiens,** 1838, bemerkenswerte Deckengemälde. – **Schloß Schöneck** über dem Issinger Weiher, 13. Jh., Fresko in der Burgkapellenruine, zuerst Besitz der unbändigen Schönecker Ritter, fiel es 1378 an die Görzer Grafen. Angeblicher Geburtsort Oswald von Wolkensteins. Privatbesitz Dr. Tinzl. – **Schloß Ehrenburg,** erste Anlage 12. Jh., Fresko im Turm, schöner Arkadenhof, vom Renaissancetrakt umgebauter Barockbau, prächtiger Festsaal, wertvolle Getäfel und Stukkaturen, in der Schloßkapelle Tafelbild 16. Jh. – **Propsteikirche Mariä Himmelfahrt,** Barock (Gnadenbild von I. A. Mölkhs, 1755, Gruftkapelle mit »Kornmuttergottes« und anderen interessanten Bildwerken). – **Pfarrkirche St. Sigmund,** 1449–1489, eines der schönsten Baudenkmäler Südtirols (Pietà, Christophoruslegende mit Landschaften, sehr alter, wertvoller Flügelschrein, bemerkenswert die Wappen von Österreich, Kärnten, Tirol, Görz und Bayern, Kelch, Geschenk Herzog Sigismunds des Münzreichen). – Kirche **»Unsere Liebe Frau im Stöckl«.** – **St. Ulrich** bei Bad Ilstern, 15. Jh. – Moorbad **Issinger Weiher.**

PFALZEN

Gemeinde, Provinz Bozen, Einwohnerzahl: 2050, Seehöhe: 1.022 m, Postleitzahl: I-39030. **Auskunft:** Tourismusverein Pfalzen. **Bahnstation:** Bruneck (7 km). Busverbindung mit Bruneck und Terenten.
Bergbahnen: siehe Bruneck.

Sehenswert

Die **Pfarrkirche,** schon 1090 erwähnt, Turm 15. Jh. (interessanter Weihwasserstein, 1478). – Die **St.-Valentins-Kapelle,** 1434 (Valentinsskulptur, 15. Jh.). – Die **Sichelburg,** 14./15. Jh., Turm um 1000. – **Schloß Schöneck** (vgl. Kiens). – **Issinger Weiher.** – **Bruneck** (vgl. dortselbst). – **Kapelle Hasenried** mit Wassergrotte (vermutl. röm. Kultstätte).

ST. LORENZEN

Marktgemeinde, Provinz Bozen, Einwohnerzahl: 3100, Seehöhe: 810 m, Postleitzahl: I-39030. **Auskunft:** Tourismusverein St. Lorenzen. **Bahnstation:** im Ort. Busverbindung mit Brixen und Bruneck.
Bergbahnen: siehe Bruneck.

Mit der Entwicklung des Marktes eng verbunden war die Sonnenburg. Um das Jahr 1000 von den Pustertaler Grafen erbaut, wurde das Schloß 1018 Konvent der Benediktinerinnen. Berühmt geworden ist der Streit zwischen der Äbtissin Verena von Stuben und dem Brixener Fürstbischof Nikolaus von Kues, Cusanus. Bei St. Lorenzen fand 1809 das erste Treffen zwischen Tirolern und Bayern statt. Alljährlich werden hier größere Märkte abgehalten. Auch einzelne Industrien haben sich ringsum niedergelassen.

Sehenswert

Die **Pfarrkirche zum hl. Laurentius,** 1207 erwähnt (am Hochaltar Madonna mit Jesuskind und Traube von M. Pacher, Egerer Kapelle mit Fresken aus der Pacherschule). – **Sonnenburg,** von Otwin, Gaugrafen im Pustertal, erbaut, seit 1018 Nonnenkloster (s. oben), in den Bauernkriegen geplündert, 1598 durch Brand teilweise zerstört, 1785 säkularisiert, heute renoviert und als Hotel geführt. – **Michelsburg,** von den Pustertaler Grafen erbaut, 1091 von Heinrich II. dem Brixener Bistum geschenkt, später Besitz der Görzer, seit Maximilian I. habsburgisch, jetzt im Privatbesitz. – **Gedenkkapelle** an den Freiheitskrieg im Klosterwald. – **Gedenktafel** an den Kampf von 1809 an der Rienzbrücke. – Die **römischen Ausgrabungen.** – **St. Johann** im Spital zu Sonnenburg mit romanischem Kreuz aus der Zeit um 1190.

TERENTEN

Gemeinde, Provinz Bozen, Einwohnerzahl: 1450, Seehöhe: 1.210 m, Postleitzahl: I-39030. **Auskunft:** Tourismusverein Terenten. **Bahnstationen:** Vintl (6 km) und Bruneck (16 km). Busverbindung mit Brixen, Bruneck und Vintl.

Sehenswert

Die **Pfarrkirche** (Marienfigur, 15. Jh., Reliquienbüsten, 16. Jh.). – Der Weiler **Margen** (vgl. Vintl). – **St. Zeno** in Pein, 12. Jh., Turm 18. Jh. – **St. Martin** in Hofern **(Altar aus Pacherschule).** – Die **Erdpyramiden.**

VINTL

Gemeinde, Provinz Bozen, Einwohnerzahl: 2950, Seehöhe: 756 m, Postleitzahl: I-39030. **Auskunft:** Tourismusverein Vintl und Tourismusverein Pfunders. **Bahnstation:** im Ort. Busverbindung mit Brixen, Bruneck und Terenten und in das Pfunderer Tal.

Der Name Vintl wird vom keltischen Begriff Vindoialos (Feld des Vindos) hergeleitet. Möglicherweise ist aber die Bedeutung römischen Ursprungs (vinetulum = Weinberg). Weitental erscheint um 1160 erstmals in Urkunden als Witintal.

Sehenswert

Die **Pfarrkirche Maria Verkündigung** im Niedervintl, Spätbarock (Pietà, 15. Jh., Gemälde Christus am Kreuz von P. Troger). – Die **alte Kirche, 1378** erwähnt (Fresken aus dem 15. Jh.). – Die **»weiße« Kirche** in Obervintl, um 1300 erbaut, barockisiert. – **Ansitz Töpsl,** 14. Jh. – **Haus Baumgartner** (Familienbesitz seit 1277). – In Weitental Pfarre **St. Thomas,** anschd. 12. Jh. – **St. Martin** in Pfunders, 15. Jh. (Glocke 1484). – Die **St.-Margareth-Kirche** in Margen (einer der kostbarsten Flügelaltäre Südtirols, 15. Jh.). – Die **Einödhöfe** von **Kammerschien** zwischen Weitental und Pfunders in 1.500 m Höhe.

Eine Bitte:
Nimm Deine
Abfälle
wieder mit nach Hause

Wanderungen und Bergtouren im Unteren Pustertal:

1 **Bergtour:** Pfunders – Valzarer Joch – Gitsch, 2.510 m

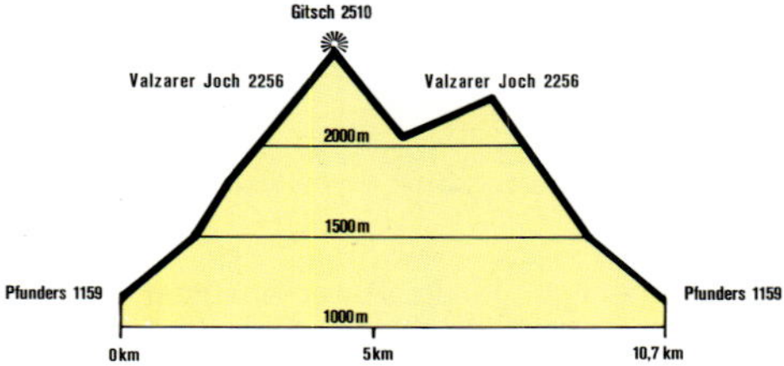

Ausgangspunkt: Pfunders
Parken: im Ort
Höhenunterschied: 1.560 m

Wanderzeit: Aufstieg 3½ Std.; Abstieg 3½ Std.
Schwierigkeitsgrad: mittel!
Einkehr: Zassleralm

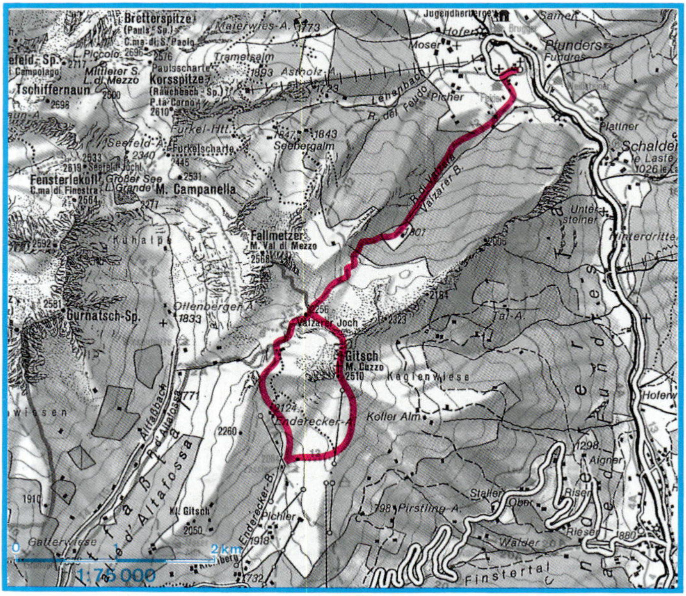

Tourenverlauf: Von der Ortsmitte in Pfunders führt der mit 12 A markierte Steig entlang des Valzarer Bachs in 1½ Gehstunden zur Valzarer Alm, 1.801 m. Oberhalb der Baumgrenze wird der Steig flacher und schlängelt sich während der nächsten Stunde durch Blockwerk dem Joch, 2.256 m, entgegen. Der Anstieg auf den Gitschberg, 2.510 m, hält sich an den Grat, dessen Begehung Trittsicherheit erfordert. Während des Anstiegs genießt

Blick vom Gitschberg auf Terenten (Pustertaler Sonnenterrasse)

man die unbeschreibliche Aussicht. Vom Gipfel der Graskuppe bietet sich ein Panorama über die Dolomiten bis hin in die Zentralalpen.
Der Abstieg führt uns über die Skipiste hinab zur Zassleralm (40 Min.) und im leichten Anstieg über die Endereckeralm zurück zum Valzarer Joch (weitere 45 Min.). Der nun folgende Abstieg hält sich an den Anstiegsweg (1½ bis 2 Std.).

2 **Wanderung:** Pfunders – Dun – Gampielalm, 2.100 m – Hinteregger

Ausgangspunkt: Pfunders
Parken: Lärcher
Höhenunterschied: 890 m
Wanderzeit: 3½ Std.
Schwierigkeitsgrad: leicht!
Einkehr: Gasthof Lärcher

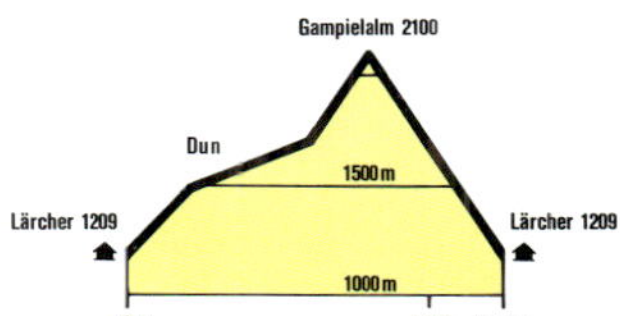

Tourenverlauf: Vom Gasthof Lärcher spazieren wir vorerst in Richtung Dun und der Markierung 13 nach zum Eisbruggbach. Östlich zweigt noch vor der Bodenalm der Weg 30 ab, der uns zur Aussichtskanzel am Gampiel bringt (1½ Std.). Tief unter uns liegt das Pfunderer Tal und im Norden ste-

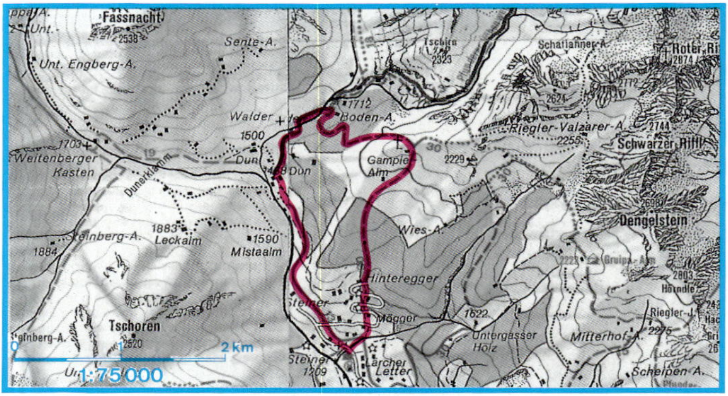

hen die schroffen, gletscherumgebenen Gipfel der Zillertaler Alpen wie Weißzint und Muttenock. Den Abstieg nehmen wir südlich über die weiten Wiesen und durch den Wald hinab zum Hinteregger. Von dort kann die Fahrstraße an alten Mühlen vorbei auf direktem Weg zum Gasthof Lärcher abgekürzt werden.

3 **Rundwanderung:** Niedervintl – Meransen – Mühlbach – Niedervintl

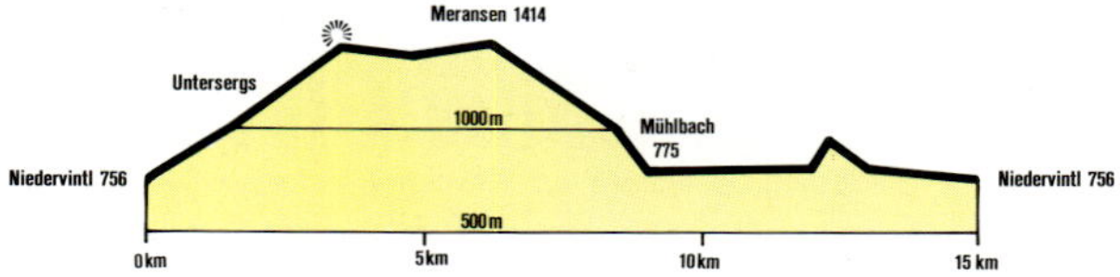

Ausgangspunkt: Niedervintl
Parken: im Ort
Höhenunterschied: 650 m

Wanderzeit: 6 Std.
Schwierigkeitsgrad: mittel!
Einkehr: mehrere Möglichkeiten an der Strecke

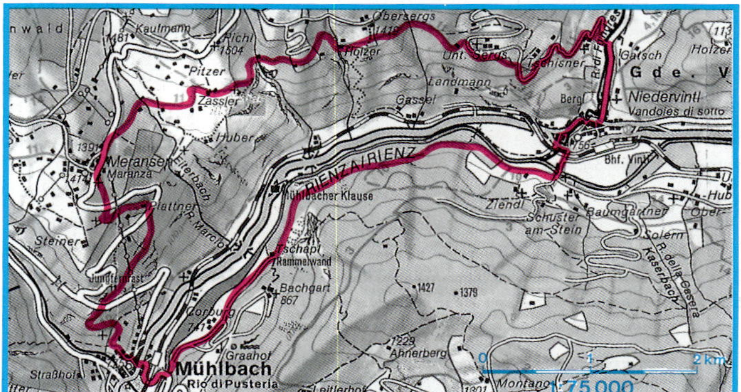

Mühlbach

Tourenverlauf: In Niedervintl biegen wir in die Straße ein, die ins Pfunderer Tal führt, und bleiben dieser etwa 15 Minuten treu. Dann biegen wir bei einem Fahrweg (Markierung 11) links ab und folgen diesem über ein paar Kurven hinauf zum Tschisnerhof. Nun wird der Anstieg etwas flacher, und wir wandern westwärts auf das Plateau hinauf nach Untersergs. Wir überqueren mehrere Bäche und kommen nun auf Wald- und Wiesenwegen (teilweise schmal und steil!) vorbei am Holzer- und Zasslerhof und erreichen nach etwa 3 Stunden Meransen. Von Meransen nach Mühlbach führt auch eine Seilbahn! In Meransen nehmen wir nun den Weg 12 talwärts Richtung Mühlbach. Der Weg kreuzt mehrmals die befahrbare Straße sowie die Seilbahn. In Mühlbach halten wir uns zuerst an die im Ort abzweigende Straße nach Rodeneck, überqueren beim E-Werk die Rienz und biegen kurz danach links in den Weg ein. Dieser führt nun am sehr schmalen Südufer der Rienz entlang zurück nach Niedervintl. Dieser Rückweg kann allerdings auch durch die Benützung des Busses von Mühlbach nach Niedervintl abgekürzt werden.

4 **Bergwanderung:** Niedervintl — Leachenalm — Dörfel — Niedervintl

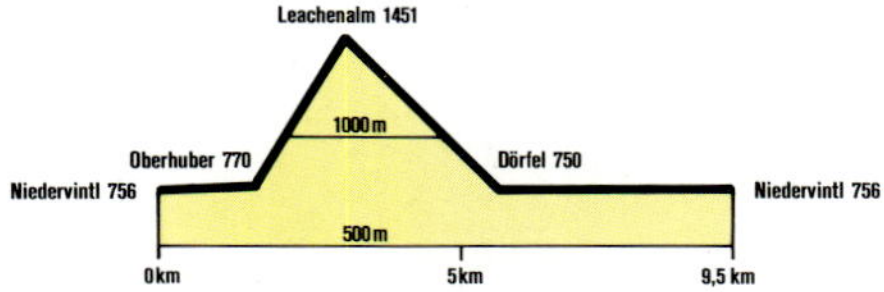

Ausgangspunkt: Niedervintl
Parken: beim Bahnhof
Höhenunterschied: 695 m

Wanderzeit: 3 Std.
Schwierigkeitsgrad: leicht!
Einkehr: ev. in Obervintl

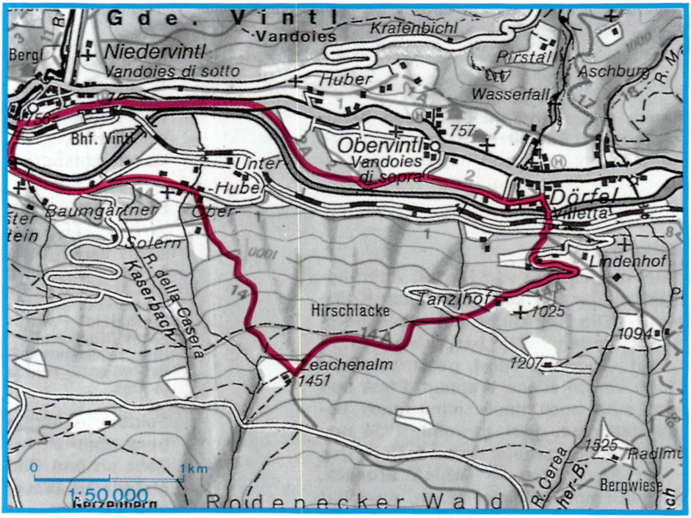

Tourenverlauf: Vom Bahnhof Vintl spazieren wir zuerst ein kurzes Stück (ca. 100 m) entlang der Hauptstraße westwärts bis zum 1. Bahnübergang. Diesen überqueren wir und wandern nun über einen Asphaltweg zuerst über die Rienz und nach der Linkskurve am Südufer der Rienz an ein paar Häusern vorbei Richtung Osten. Wir folgen stets dem mit »14« beschilderten Weg Richtung Rodenecker Alm, bleiben dann bei einer Weggabelung rechts; hier beginnt ein Schotterweg, und bei einigen Gehöften zweigt nun der Weg rechts ab und führt durch den schattseitig gelegenen Wald bergwärts. Nach etwa einer Stunde erreichen wir die Leachenalm. Hier verlassen wir den Weg 14 und biegen links in den weniger begangenen Weg 14 A ein, der uns nun über den Bergrücken wieder talwärts nach Dörfel führt. Wir überqueren eine Forststraße, kommen zu einem Gehöft und wandern von hier über den Zufahrtsweg talwärts. Bei Dörfel überqueren wir wieder die Rienz und halten uns an deren Nordufer ostwärts, passieren den Ort Obervintl und erreichen über diesen Weg wiederum unseren Ausgangspunkt beim Bahnhof Vintl.

❺ **Bergwanderung:** Terenten – Tiefrastenhütte, 2.308 m – Eidechsspitze, 2.738 m – Engelalm

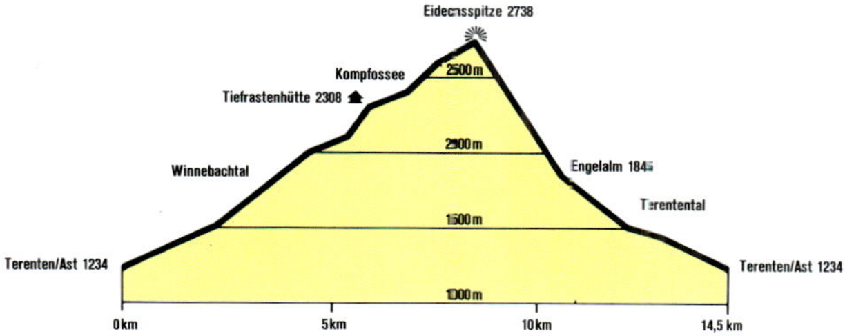

Ausgangspunkt: Terenten
Parken: Ast, östl. von Terenten
Höhenunterschied: 1.528 m

Wanderzeit: 9 Std.
Schwierigkeitsgrad: nur für Geübte und Konditionsstarke!
Einkehr: Tiefrastenhütte bzw. in Terenten

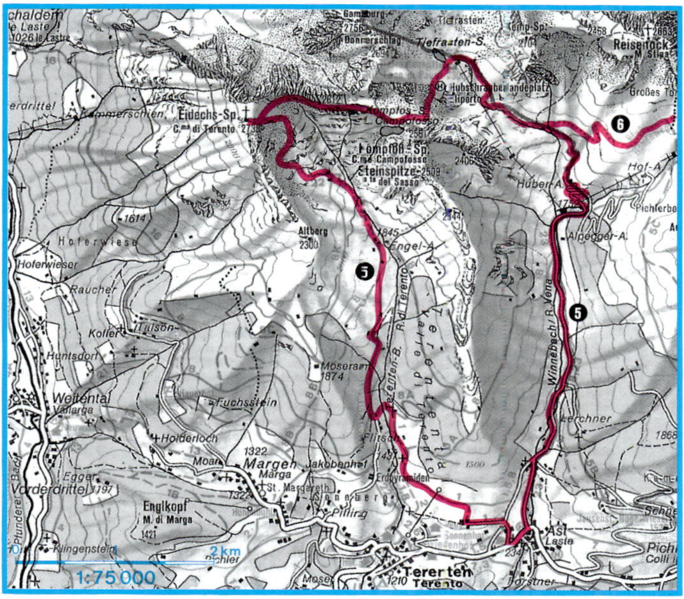

Tourenverlauf: Diese Tour ist ob ihrer Länge zwar beschwerlich, doch wunderbare Plätze wie am hochalpinen Kompfossee belohnen den Wanderer für die Strapazen. Wir beginnen unsere Tour, indem wir dem Fahrweg ins Winnebachtal taleinwärts entlang dem Bach folgen, wo wir nach ca. ½ Stunde den Tschötscher Hof erreichen. Nun am steiler werdenden Güterweg weiter bis zur Huberalm. Wir passieren die Huberalm und folgen dem Weg Nr. 23 nun ziemlich steil zur Tiefrastenhütte sowie dem gleichnamigen See. Nach der Einkehr und damit verbundener ausgiebiger Rast folgen wir dem zuerst südwestlich, später westlich verlaufenden Weg, der nun in unterschiedlicher Steigung vorbei am herrlich gelegenen, bereits erwähnten Kompfossee zum Gipfel der Eidechsspitze führt. Da relativ wenig begangen, genießen wir vom Gipfel die beschauliche Ruhe und die herrliche Fernsicht. Für den Abstieg benutzen wir jetzt den kurz unter dem Gipfel nach Südosten abzweigenden Weg Nr. 22, der nun ziemlich steil (Achtung bei feuchter Witterung) talwärts zur Engelalm führt. Von hier aus halten wir uns etwas oberhalb des Terentenbaches und wandern stets Richtung Süden talauswärts. Beim Erreichen des Güterweges biegen wir links ab und wandern am Fuß des Berges etwas oberhalb von Terenten zurück zu unserem Ausgangspunkt.

6 **Höhenwanderung:** Terenten – Zwölferspitze, 2.351 m – Sambock, 2.396 m – Pfalzen

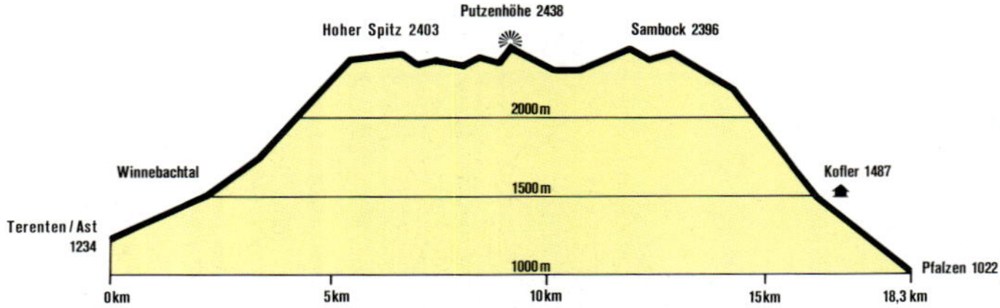

Ausgangspunkt: Terenten
Parken: Abzweigung Winnebachtal
Höhenunterschied: 1.416 m
Wanderzeit: 11½ Std.

Schwierigkeitsgrad: schwer! Nur für Geübte und äußerst Konditionsstarke!
Einkehr: (Tiefrastenhütte), GH Kofler, in Pfalzen

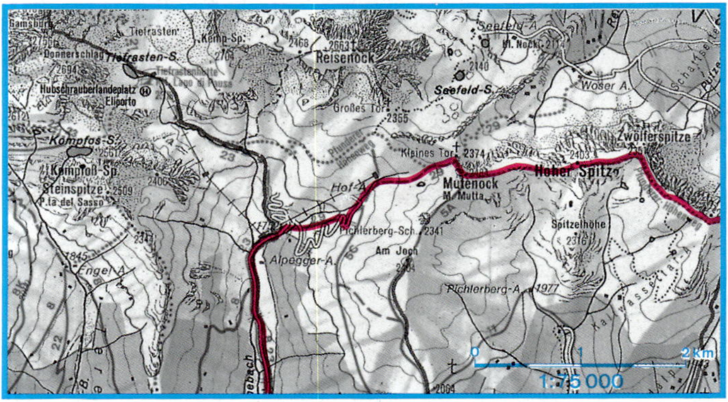

Tourenverlauf: Sollte jemand sich seiner konditionellen Stärke nicht ganz sicher sein, kann diese Tour als Zweitagestour durchgeführt werden, in diesem Fall Nächtigung auf der Tiefrastenhütte; die Gesamtgehzeit würde sich um 1½ bis 2 Stunden verlängern. Von unserem Ausgangspunkt aus wandern wir auf der Straße, später auf einem Wiesenweg hinein ins Winnebachtal. Ziemlich knapp über der Waldgrenze befindet sich nun eine Weg-

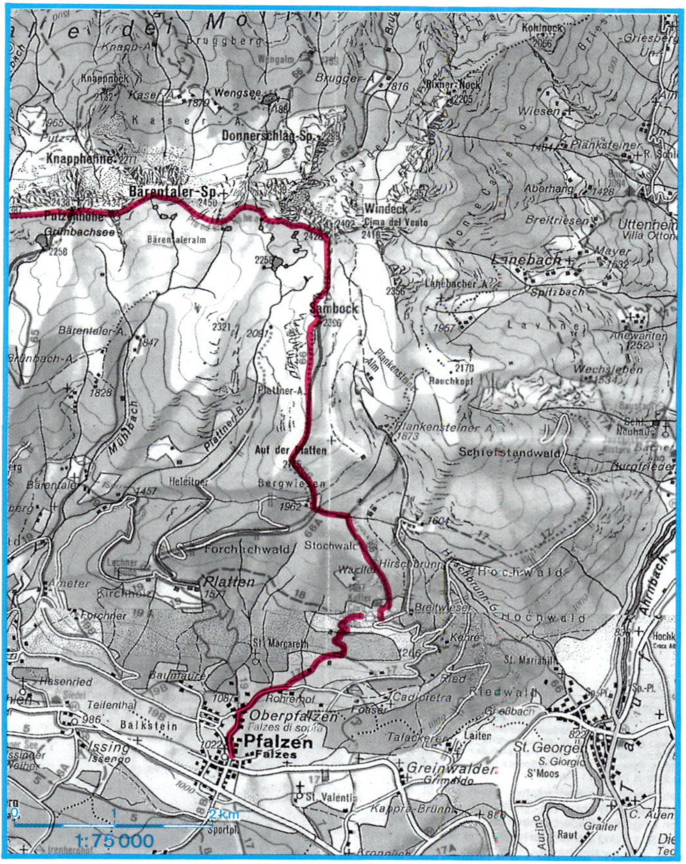

gabelung (Nähe einer Materialseilbahn), wo links der Weg wie bei Tour Nr. 5 zur Tiefrastenhütte führt. Rechts führt der Weg weiter dem Bach entlang (markiert Nr. 29), bis wir nach etwas steilerem Anstieg die Scharte »Kleines Tor« erreichen, wo der mit Trittsicherheit begehbare Steig von der Tiefrastenhütte her einmündet. Nun beginnt der schönste Teil der Wanderung, der entlang des Pfunderer Höhenweges stets am Kamm ostwärts führt. Aussichtsreiche Gipfel wie der Hohe Spitz, 2.403 m, sind zu besteigen. Von diesen bietet sich der herrlichste Blick über die Südtiroler Bergwelt. Nach Passieren der in geringer Entfernung gelegenen kleinen Seen der Bärentaler Alm wendet sich der Weg südwärts, wo wir nach ca. 5stündiger Kammwanderung als letzten Gipfel den Sambock (leichte Kletterei am N-Grat) erreichen. Von hier führt nun der Weg wie bei Tour Nr. 8 talwärts zum GH Kofler und weiter nach Pfalzen (Rückfahrt per Bus).

7 **Bergtour:** Oberhaus – Unteralm – Putzenhöhe, 2.438 m

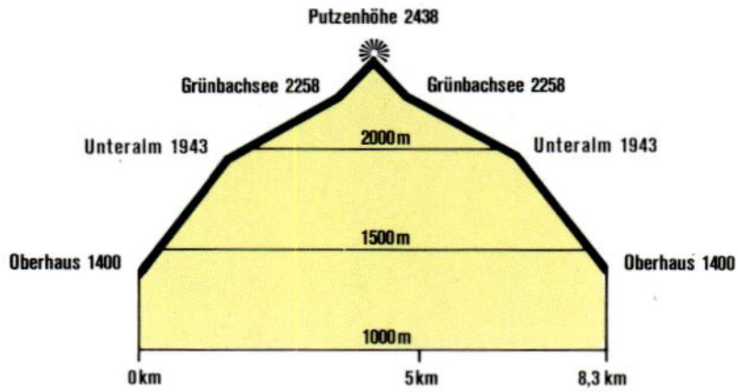

Ausgangspunkt: Oberhaus – nördl. von Kiens
Parken: beim Gehöft
Höhenunterschied: 963 m

Wanderzeit: 5½ Std.
Schwierigkeitsgrad: leicht!

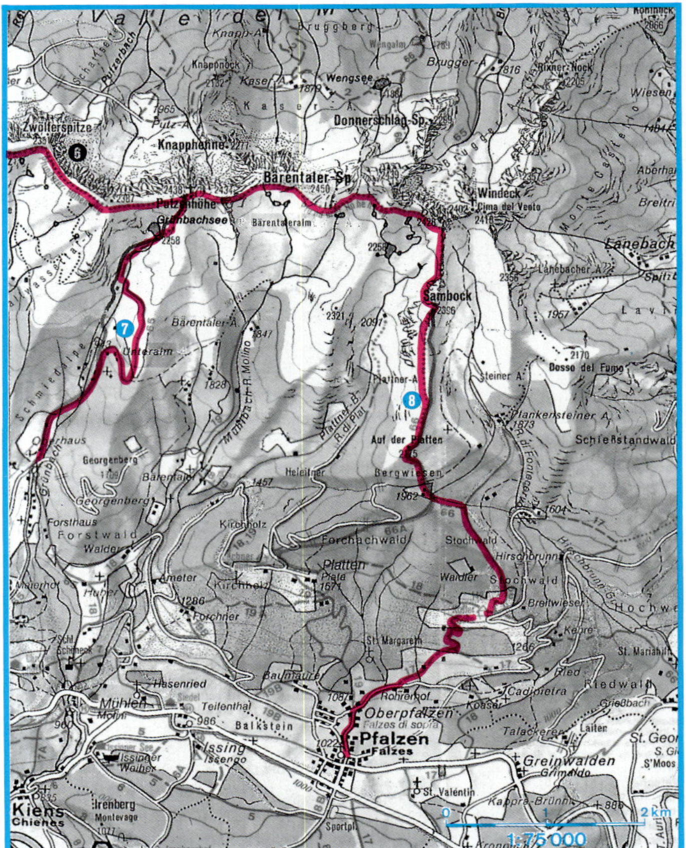

Tourenverlauf: Wir beginnen diese Tour beim Gehöft Oberhaus, welches per Auto entweder von Terenten oder Mühlen bei Kiens über einen guten Fahrweg erreichbar ist. Vom Gehöft weg benutzen wir den relativ leicht begehbaren Weg, welcher am Grünbach in nördlicher Richtung taleinwärts führt. Kurz vor der Waldgrenze erreichen wir die Unteralm. Wir erklimmen nun nicht die steil ansteigende Talrinne weiter nordwärts, sondern folgen dem markierten Weg 65, der leicht steigend am Hang entlang südöstlich führt, sich nach etwa 20 Minuten nach Norden wendet, bis wir nach einiger Zeit wieder den Bach erreichen. Bald erreichen wir den Grünbachsee, von wo wir schöne Aussicht auf die Dolomiten genießen. Nach kurzer Rast brechen wir zum letzten Stück unseres Weges auf; weiter nordöstlich stehen wir nach kurzem, etwas steilerem Anstieg auf dem Gipfel der Putzenhöhe, von wo wir nun den Rundblick über Puster-, Mühlwalder- sowie Tauferer Tal genießen. Für den Abstieg benutzen wir den gleichen Weg nach Oberhaus.

8 **Bergwanderung:** Pfalzen – Sambock, 2.396 m

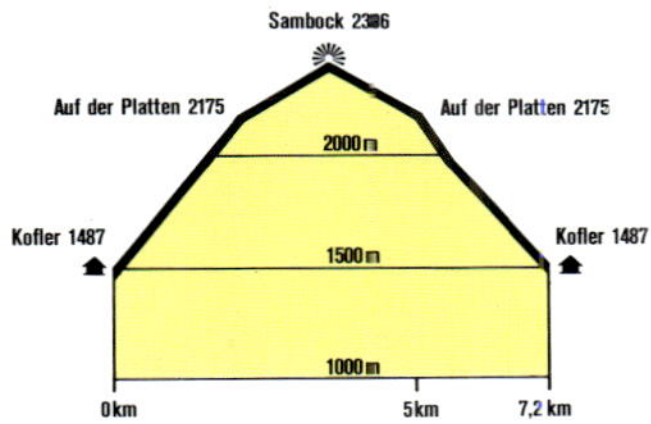

Ausgangspunkt: Pfalzen
Parken: GH Kofler
Höhenunterschied: 909 m

Wanderzeit: 5½ Std.
Schwierigkeitsgrad: leicht!
Einkehr: GH Kofler
Karte: siehe Seite 32

Tourenverlauf: Hinter dem GH Kofler zweigt von der für den KFZ-Verkehr gesperrten Forststraße links der Weg 66 ab, der von St. Georgen bergan führt. Der Weg setzt sich nun ziemlich bequem durch den Wald fort und nach etwas mehr als einer Stunde passieren wir Almhütten, die in einer Lichtung liegen. Nun steigt der Weg etwas steiler an, und wir erreichen nach kurzer Zeit die Waldgrenze und nach einem weiteren Stück den ersten größeren Aussichtspunkt »Auf der Platten, 2.175 m«. Von hier bietet sich uns ein sehr schöner Ausblick südostwärts nach Bruneck sowie südwärts ins Ennebachtal. Nordwärts erblicken wir bereits unser Ziel, den Sambock. Wir wandern weiter auf dem Weg Nr. 66, der uns nun recht bequem auf teils felsigem, teils grasbewachsenem Steig über den Gratrücken zum Gipfel des Sambock führt. Von hier genießen wir jetzt eine herrliche Aussicht auf die im Süden gelegenen Dolomiten sowie auch tief hinab ins Tauferer- und Ahrntal. Bei klarem Wetter könnte man der Blicke gar nicht müde werden. Doch wir wenden uns nun wieder talwärts und erreichen auf dem gleichen Weg den Ausgangspunkt.

9 **Rundwanderung:** Ehrenburg – Ellen – Montal – Kienberg – Ehrenburg

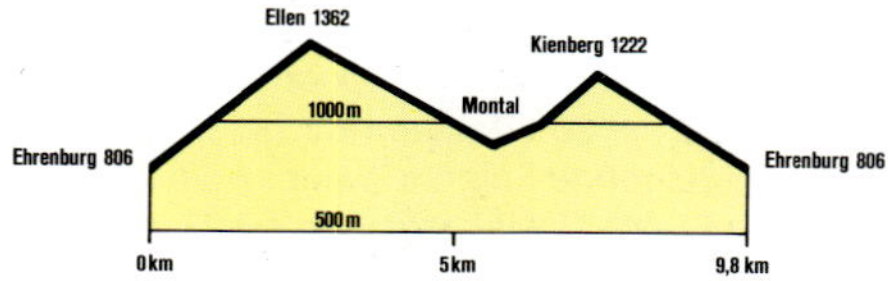

Ausgangspunkt: Ehrenburg bei Kiens
Parken: im Ort
Höhenunterschied: 556 m

Wanderzeit: 4 Std.
Schwierigkeitsgrad: leicht!
Einkehr: mehrere Gasthöfe an der Strecke

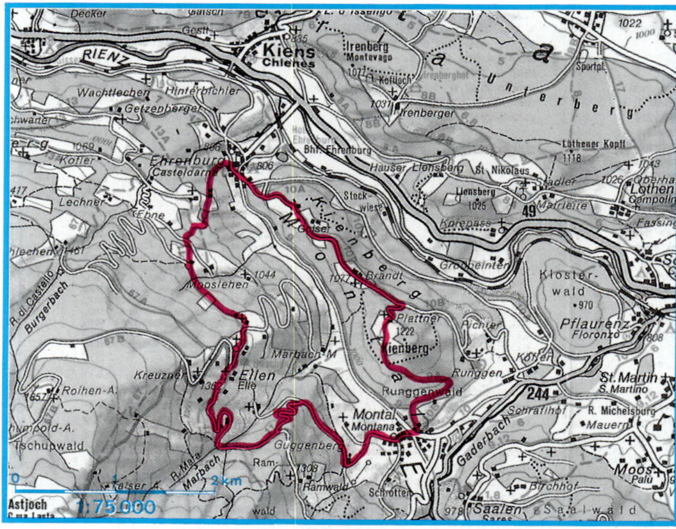

Tourenverlauf: Wir verlassen Ehrenburg über den am westlichen Ortsende abzweigenden Wanderweg 11, der zuerst über Wiesen, dann über Waldstücke ständig etwas ansteigend Richtung Ellen führt. Hier genießen wir von einer wunderschönen Hanglage den Blick ins mittlere Pustertal sowie auf den Kronplatz, Brunecks Hausberg. Nach einer erholsamen Rast im »Hirschen« setzen wir den Weg fort, und zwar auf einem Fahrweg, der uns nun wieder talwärts Richtung Marbach führt. Beim Erreichen des Baches biegen wir links in den Weg 11 ab, der uns geradewegs in das Dorf Montal führt. Wir könnten zwar nun auch den bequemeren Weg durch das Montal wählen und hier direkt nach Ehrenburg gelangen; interessanter und aussichtsreicher ist jedoch der Weg (Nr. 10 B), der in Montal abzweigt und für eine halbe Stunde teilweise recht steil auf den Kienberg führt. So durchqueren wir den Runggenwald und wandern dann etwas flacher unterhalb des Gipfels vorbei. Über den Westrücken des Kienberges führt der Rückweg gemütlich zurück nach Ehrenburg.

10 **Wanderung:** St. Lorenzen – Stefansdorf – Reischach – Bruneck – St. Lorenzen

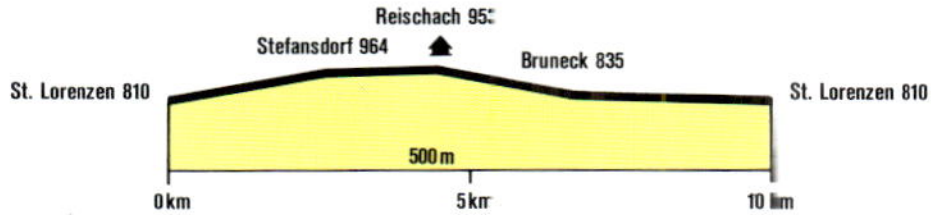

Ausgangspunkt: St. Lorenzen
Parken: beim Sportvereinshaus
Höhenunterschied: 154 m

Wanderzeit: 2½ Std.
Schwierigkeitsgrad: leicht!
Einkehr: mehrere Möglichkeiten an der Strecke

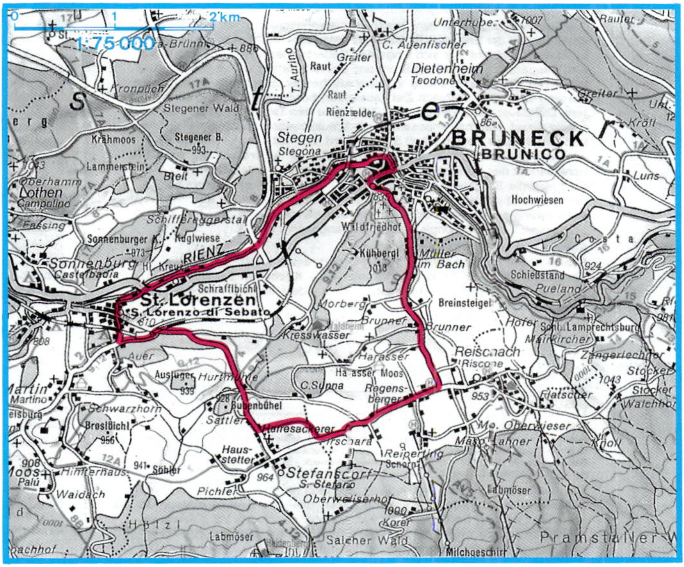

Tourenverlauf: Wir beginnen diese Wanderung im unweit von Bruneck Richtung Westen gelegenen Dorf St. Lorenzen. Wir wandern vom Ausgangspunkt Richtung Südosten durch die Bahnunterführung, dann sofort links und weiter entlang der Straße bergan. Je höher wir steigen, desto besser wird der Blick in das gegenüberliegende Tauferer Tal und die dahinter im Ahrntal gelegenen Zillertaler Alpen. Wir erreichen Stefansdorf und wenden uns nun links Richtung Osten. Entlang des Weges oder über die Wiesen am Fuße des Kronplatzes geht es leicht abfallend nach Reischach. Noch bevor wir den Ort erreichen, biegen wir nach links hinunter nach Bruneck ab. Wir betreten die »Pustertaler Hauptstadt« beim Burgfelsen, überqueren den Hauptplatz und durchschreiten die Stadt bis zum Südufer der Rienz. Hier wenden wir uns nach Westen und wandern dem Ufer entlang westwärts zurück nach St. Lorenzen, unserem Ausgangspunkt.

11 **Höhenwanderung:** Furkelsattel – Kronplatz, 2.273 m

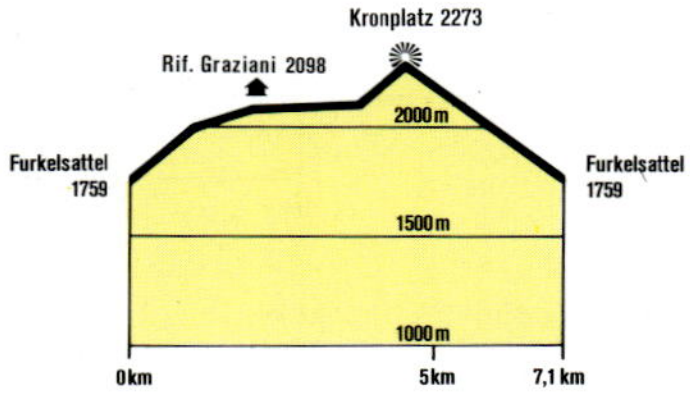

Ausgangspunkt: Furkelsattel
Parken: Parkplatz Paßhöhe
Höhenunterschied: 518 m
Wanderzeit: 4–5 Std.
Schwierigkeitsgrad: leicht!
Einkehr: versch. Hütten

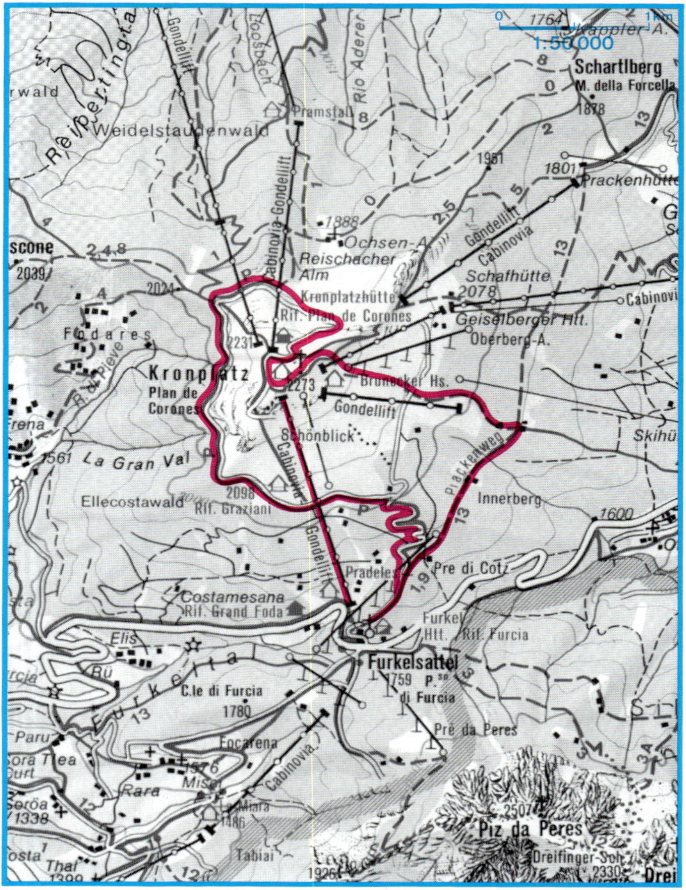

Bruneck

Tourenverlauf: Unter den Erhebungen im Pustertal nimmt der 2.273 hohe Kronplatz wohl eine Art Sonderstellung ein. Zum einen befindet er sich ziemlich in der Mitte des Pustertaler Raumes mit seinen Seitentälern; zum anderen bietet er eine Rundsicht sowohl im Sommer für den Wanderer als auch im Winter für den Skiläufer, dem dieser Berg ja bereits seit längerem zum Pisten- und Lifteldorado erschlossen wurde. Der bekannteste Aufstieg besteht wohl von der Nordseite her, vom oberhalb Brunecks gelegenen Reischach; diese Tour empfiehlt eine Panoramawanderung vom im Süden gelegenen Furkelsattel (über eine schöne Straße von Olang oder Enneberg erreichbar). Der Weg beginnt etwa 100 m östlich des Furkelhauses und führt über eine bequeme Forststraße mäßig steigend den Südhang des Kronplatzes aufwärts. Nach einigen Kehren stoßen wir auf den Panoramarundwanderweg, dem wir weiter westwärts zur Panorama- und zur Grazianihütte folgen. Wir »umrunden« nun den Berg, passieren nach unschwerer Wanderung die Hauptseilbahntrasse im Norden mit inzwischen bereits herrlichem Blick ins Tauferer- und Ahrntal und steigen nun etwas steiler den markierten Weg bis zur Kronplatzhütte bzw. bis zum Gipfel aufwärts. Sollte saisonbedingt die Möglichkeit bestehen, kann der Abstieg per Furkelgondelbahn verkürzt werden. Ansonsten kann über den Prackenweg der leichte Abstieg angetreten werden.

12 **Wanderung:** Bruneck – Tesselberg – Oberwielenbach – Erdpyramiden – Bruneck

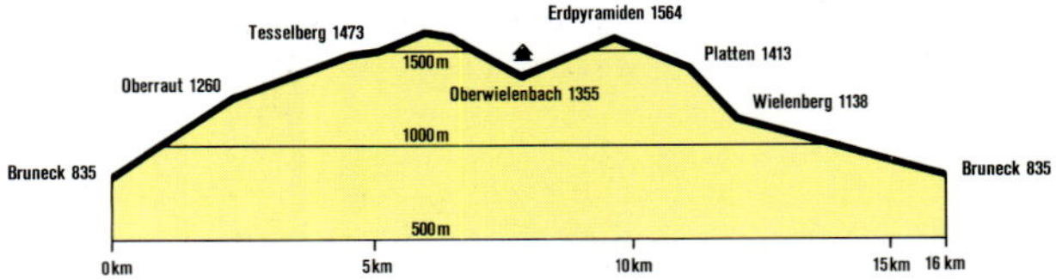

Ausgangspunkt: Bruneck
Parken: Abzweigung nach Dietenheim
Höhenunterschied: 520 m

Wanderzeit: 5½ Std.
Schwierigkeitsgrad: leicht!
Einkehr: mehrere Möglichkeiten an der Strecke

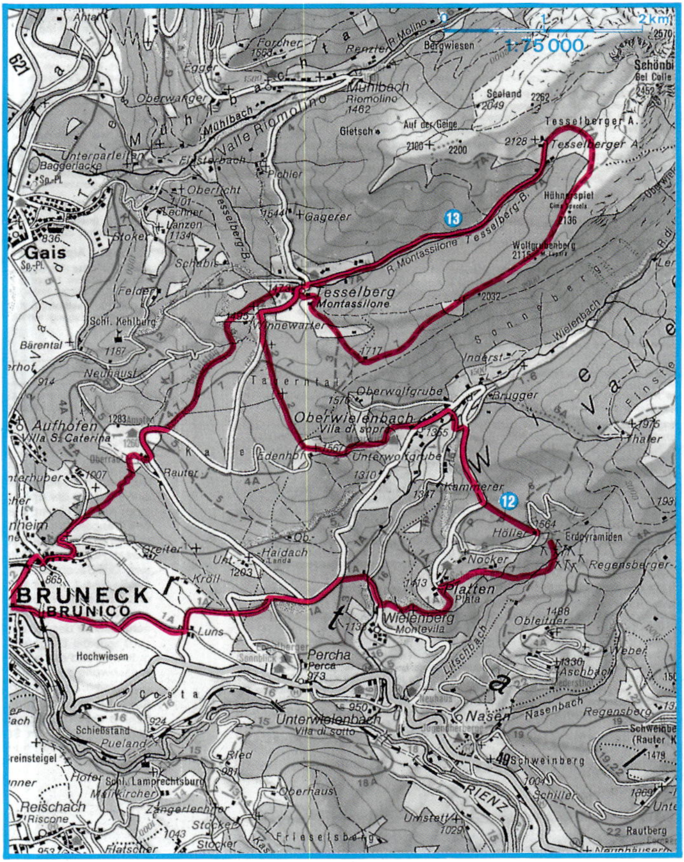

Tourenverlauf: Von Bruneck folgen wir zuerst ein kurzes Stück der Straße nach Dietenheim; bei einer Kreuzung biegen wir rechts in den mit »4« markierten Weg nach Oberraut ab. Über einen Waldsteig erreichen wir das Gehöft Rauter. Der Straße folgen wir bis hinter die Rechtskurve. Hier links abzweigend am Weg Nr. 4 bis nach Tesselberg. Von Tesselberg wandern wir nach Oberwielenbach, zweigen jedoch auf dem Weg dorthin bereits kurz nach Tesselberg links auf den Weg Nr. 2 ab, der uns nun mäßig ansteigend nach Oberwielenbach bringt. Wir überqueren den Wielenbach und benutzen den bei einer Kreuzung abzweigenden Weg 1, dann ab einem Brücklein Nr. »P«, der uns zu den bizarren Erdpyramiden von Platten führt. Von hier nun weiter über den Weg 6 nach Platten. Nun führt ein etwas steilerer Weg abwärts (1 A) nach Wielenberg. Wir durchqueren jedoch nicht den Ort, sondern übersetzen etwas oberhalb den Wielenbach und erreichen die Straße, die nun talwärts, dem Weg 1 A folgend, nach Luns und weiter nach Bruneck führt.

13 **Rundwanderung:** Tesselberg — Tesselberger Alm — Hühnerspiel, 2.136 m — Wolfgrubenberg

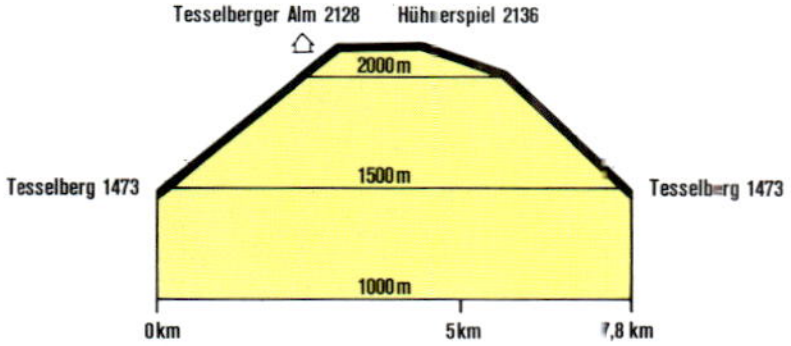

Ausgangspunkt: Tesselberg
Parken: GH Lahner
Höhenunterschied: 663 m

Wanderzeit: 3 Std.
Schwierigkeitsgrad: leicht!
Einkehr: GH Lahner, Tesselberg
Karte: siehe Seite 38

Tourenverlauf: Diese Wanderung kann als gefahrlose und doch aussichtsreiche Wanderung bezeichnet werden, die auch von Familien mit Kindern leicht begangen werden kann und trotzdem bei klarer Sicht eindrucksvolle Gebirgsatmosphäre vermittelt. Von Tesselberg aus wandern wir taleinwärts in nordöstliche Richtung dem Tesselbergbach entlang Richtung Tesselberger Alm. Bei der Tesselberger Alm überschreiten wir die Waldgrenze. Wir folgen dem Weg Nr. 7 A, der in einem Rechtsbogen über die Talmulde des Baches leicht Richtung Hühnerspiel ansteigt. Vom Hühnerspiel aus halten wir uns nun weiter auf dem Steig Nr. 7, der uns in südwestliche Richtung in den Wald führt. Wir passieren auf dieser Kammwanderung mit dem 2.115 m hohen Wolfgrubenberg einen weiteren Gipfel dieses Kammes. Der Name stammt von den im 17.—19. Jh. ausgehobenen Wolfsgruben, die, getarnt und mit einem toten Tier versehen, zum Fang der damals weit verbreiteten Raubtiere dienten (die letzten Wölfe wurden um 1900 erlegt). Nun beginnt ein ständig leichtes Weggefälle, bis wir nahe einer Kuppe die Rechtsabzweigung des Weges Nr. 3 erreichen, der abwärts zu unserem Ausgangspunkt in Tesselberg zurückführt.

14 **Bergwanderung:** Oberwielenbach – Rammelstein, 2.483 m

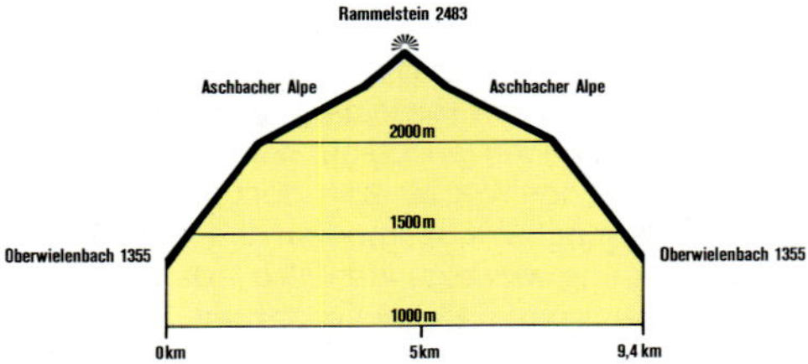

Ausgangspunkt: Oberwielenbach
Parken: im Ort
Höhenunterschied: 1.128 m

Wanderzeit: 4½ Std.
Schwierigkeitsgrad: mittel!
Einkehr: in Oberwielenbach

Tourenverlauf: In Oberwielenbach überschreiten wir auf dem Fahrweg, der kurz in nordöstliche Richtung taleinwärts führt, nach einer Rechtskurve den Bach. Wir wandern taleinwärts, bis wir den Bruggerhof erreichen. Hier zweigt unser Weg rechts ab, und wir nehmen Weg 6A bergwärts, der teilweise recht steil durch Waldstücke zur 1.975 m hoch gelegenen Thaleralm führt. Dieses malerische Fleckchen lädt zu einer gemütlichen Rast ein. Auf dem Steig Nr. 6 setzen wir den Weg fort, überschreiten nach kurzer Zeit die Waldgrenze und wandern dann am nun mäßig steilen Weg weiter über die Aschbacher Alpe. Nun befinden wir uns am schönsten Teil dieser Tour: Die sanften Almmatten sowie die recht gute Rundumsicht lassen uns die Natur der Pustertaler Bergwelt genießen. Nach einem letzten Anstieg erreichen wir den Gipfel des Rammelsteins, der uns tiefe Ausblicke ins Antholzer Tal gewährt. Für den Abstieg nehmen wir den gleichen Weg wie für den Aufstieg; für Geübtere und Konditionsstarke kann auch der Abstieg über den felsigeren und steileren Nordkamm hinab ins Wielental gewählt werden.

Rotwandspitze mit Sexten ▸

Oberes Pustertal

Oberes Pustertal

Ortsbeschreibungen:

GSIESER TAL

Gemeinde, Provinz Bozen, Einwohnerzahl: 2000, Seehöhe: 1.230-1.600 m, Postleitzahl: I-39030. **Auskunft:** Tourismusverein Gsies. **Bahnstation:** Welsberg (5-15 km). Busverbindung mit Welsberg und St. Magdalena in Gsies .

Sehenswert

Die **Pfarrkirche von Pichl,** 1472 geweiht. – Die **Pfarrkirche von St. Martin,** 1777 umgebaut (Freskenfragmente des Simon von Taisten und Holzskulpturen, 16. Jh.). – **Gedenkstätten an Joachim Haspinger** aus dem Tiroler Freiheitskampf von 1809. – **Kriegerdenkmal** in Pichl.

INNICHEN

Marktgemeinde, Provinz Bozen, Einwohnerzahl: 3050, Seehöhe: 1.173m, Postleitzahl: I-39038. **Auskunft:** Tourismusverein Innichen. **Bahnstation:** im Ort. Busverbindung mit Bruneck, Sexten, Cortina d´Ampezzo und Lienz.
Bergbahnen: Sessel- und Schlepplifte.

Die „Hofmark" Innichen feierte im Jahre 1994 ihr 1.225 jähriges Gründungsjubiläum als Bajuwarensiedlung. Diese wird dem Bayernherzog Tassilo III. zugeschrieben. Im Jahre 816 übergab Kaiser Ludwig das Kloster dem Hochstift Freising, dessen Hoheitsgebiet im oberen Pustertal von Abfaltersbach bis Taisten bei Welsberg reichte. Ursprünglich Benediktinerabtei wurde die Klostergemeinde 1142 Chorherrenstift. Die Gerichtsherrschaft der Freisinger Bischöfe ging dann 1285 an die Tiroler Grafen über. Die Pröpste wurden seit 1549 zuerst von den Päpsten, später vom Kaiser in Wien ernannt. Während der Regierungszeit Josefs II. und unter der bayerischen Herrschaft 1805–1814 aufgehoben, besteht die geistliche Gemeinde als Kollegiatstift bis heute.
Der stattliche Ort zu Füßen des Haunold mit zerklüfteten Türmen und majestätischen Zinnen vermittelt bei seinem Anblick noch immer etwas von der Bedeutung, die ihm lange Zeit als geistiger wie herrschaftlicher Mittelpunkt des Hochpustertales zukam. Gingen doch von der hier bestehenden Lateinschule wie von den Studien der Stiftsherren bedeutsame Impulse aus, die bis ins bayerische Hinterland reichten. Rein äußerlich geben nicht zuletzt die romanische Stiftskirche mit der Propstei und den Kapitelhäusern und die nach dem Vorbild in Jerusalem errichtete Grabeskirche davon Zeugnis. Im Laufe ihrer Geschichte ist die Hofmark an der in ihrer Nähe entspringenden Drau viermal ein Opfer von Großbränden geworden. 1809 tagte hier ein französisches Standgericht und in den Jahren 1916—1917 war der nahe der Front gelegene Ort mit seinen Kasernen und Lagern Ziel mehrerer Beschießungen durch italienische Artillerie. Im Zweiten Weltkrieg erlebte Innichen heftige Bombenangriffe. Als Durchgangsort der Fernstraßen über den Kreuzbergpaß nach Venedig und Triest und nach Österreich durch das Drautal gewinnt die Grenzgemeinde zusehends an Bedeutung. Die ehemalige »Hofmark« ist seit 1919 Sitz der italienischen Grenzbehörden und hat eine starke Garnison. Seine glückliche Lage zwischen den zu den Dolomiten ansteigenden Waldterrassen und den sonnigen Hängen des Innichberges auf der Nordseite haben zu seiner Beliebtheit als Ferienort beigetragen. Auch der Wintersport hat Innichen seit einigen Jahren neue Freunde zugeführt und den Markt zu einem Skizentrum werden lassen.

Sehenswert
Die **Stiftskirche** zu den hll. Candidus und Corbinian, das bedeutendste romanische Münster Deutsch-Tirols, um 1140 erbaut, mehrmals restauriert mit seiner erst 1969 wieder freigelegten Krypta aus dem 10. Jh. (romanische Fresken in der Vierungskuppel), Sylvesterkapelle 16. Jh., über dem Südportal Gemälde Christi und Kaiser Ottos des Großen, letzteres von Michael Pacher, über dem Westportal Bildnisse des Stifters Herzog Tassilo und Ottos I., Löwenportal an der Nordseite, im Innern besonders sehenswert der »Große Herrgott«, eine im 12. Jh. entstandene Kreuzigungsgruppe. — Der **Friedhof** mit interessanten Grabsteinen. — Der **römische Meilenstein.** — Die einstige **Stiftsschule** nördlich der Friedhofsmauer. — Die **Pfarrkirche St. Michael,** 1761 geweiht (Deckengemälde von Christoph Mayr). — Die **Spitalskirche,** 13. Jh., ehem. Klosterkirche der Dominikane-

rinnen. – Die aus zwei Kapellen zusammengebaute **Grabeskirche,** eine Nachahmung der Grabeskirche in Jerusalem und der Gnadenkapelle in Altötting (von einem Jerusalem-Pilger aus Innichen erbaut).

NIEDERDORF

Gemeinde, Provinz Bozen, Einwohnerzahl: 1250, Seehöhe: 1.154 m, Postleitzahl: I-39039. **Auskunft:** Tourismusverein Niederdorf. **Bahnstation:** im Ort. Busverbindung mit Bruneck und Cortina d´Ampezzo.

Niederdorf galt in früherer Zeit als wichtiger Umschlagplatz für den Waren- wie Reiseverkehr nach Kärnten und Venedig. Die ausgedehnte Ortschaft zählt zu den ältesten Niederlassungen des Pustertales. In der Talmulde unterhalb der Moränen des Toblacher Feldes gelegen, von anmutigen Wiesenhängen und bewaldeten Anhöhen beschützt, konnte sich die Siedlung dank ihrer günstigen klimatischen Verhältnisse zu einem der schönsten Pustertaler Dörfer entwickeln. Den grandiosen Hintergrund zu seinen behäbigen Gasthöfen, Ansitzen, Bauernhöfen und modernen Fremdenheimen bildet die Kulisse der Dolomiten am Eingang des Höhlensteintales. Der Name »Nidrindorf« erscheint bereits in Urkunden des Jahres 994, als Pfarre wird es 1225 zum ersten Male erwähnt. Unter den Grafen von Görz und Tirol befand sich hier eine Gerichtsstätte. Um die Mitte des 19. Jh.s gewann Niederdorf immer größere Bedeutung als Sommerfrische. Besondere Anziehungspunkte hierfür waren der romantisch gelegene Pragser Wildsee, Bad Altprags und das Almgebiet Plätzwiesen am Fuße des Dürrensteins. Die aus Niederdorf stammende Frau Emma zählte zu den bahnbrechenden Persönlichkeiten des Tiroler Fremdenverkehrs. Das Hotel Emma in Niederdorf und Meran, wie das Hotel Pragser Wildsee sind noch bestehende Zeugen der Initiative dieser ungewöhnlichen Frau.

Sehenswert

Die **Pfarrkirche,** 1792—1796 erbaut (Fresken von Franz Altmutter, Skulpturen von Nißl, Altarbildnis von Martin Knoller). — Die **Gruftkapelle** am Friedhof, eine der ältesten Kapellen des Pustertales. — Das **Denkmal des österreichischen Infanterie-Regiments Nr. 36,** gewidmet den Opfern der Lawinenkatastrophe am Grenzberg Monte Piano im Winter 1911. — Das **Mooskirchlein,** 1491 von der Gemahlin des Görzer Grafen Leonhard gestiftet (Fresken des Simon von Taisten, 1493). — Die **St.-Anna-Kapelle.** — Das **Haus der Grafen von Görz und Tirol.** — Das **Heimatmuseum Wassermann.** — Der **Pragser Wildsee. — Bad Maistatt** (ehem. Heilbad Kaiser Maximilians I.).

OLANG

Gemeinde, Provinz Bozen, Einwohnerzahl: 2600, Seehöhe: 1.047 m, Postleitzahl: I-39030. **Auskunft:** Tourismusverein Olang. **Bahnstation:** im Ort. Busverbindung mit Bruneck und Cortina d´Ampezzo.
Bergbahnen: siehe Bruneck.

Sehenswert

Die **Pfarrkirche zum hl. Petrus,** erbaut 1205, in Niederolang. — **St. Ägidius,** erbaut 1404, in Mitterolang (Altarbildnis von Michael Pacher). — Die **Frauenkirche,** erbaut 1472, in Oberolang mit dem Bergfriedhof. — **St. Wolfgang** in Geiselsberg, gotisch, erbaut 1484 (Christophorusfreske an der Außenwand, 1489). – Das **Peststöckl** (Spitzes Stöckl) aus der Zeit des Dreißigjährigen Krieges. – Das **Denkmal Peter Siegmayrs.**

PERCHA

Gemeinde, Provinz Bozen, Einwohnerzahl: 1150, Seehöhe: 973 m, Postleitzahl: I-39030. **Auskunft:** Tourismusverein Percha. **Bahnstation:** Bruneck (6 km). Busverbindung mit Bruneck und Innichen.

Sehenswert

Die **Pfarrkirche** von Percha, spätgotisch (mit schönen Fresken im Gewölbe). – Die **St.-Jakobs-Kirche** in Nasen (Wandgemälde des Simon von Taisten). – Die **Pfarrkirche** in Oberwielenbach mit Pacheraltar. – Die **Erdpyramiden** von Platten.

Die **Expositurkirche zum hl. Kassian** wurde 1365 erstmals genannt. Der heutige spätgotische Bau stammt von 1525. An der Außenmauer Fresken von Simon v. Taisten.

PRAGS

Gemeinde, Provinz Bozen, Einwohnerzahl: 600, Seehöhe: 1.221-2.000 m, Postleitzahl: I-39030. **Auskunft:** Tourismusverein Prags. **Bahnstation:** Niederdorf (5 km). Busverbindung mit Niederdorf.

Bad Altprags galt lange Zeit als das »Gastein des Pustertales«. Als Heilbad wurde es seiner Schwefelquellen wegen bereits 1490 besucht.

Sehenswert

Die **Pfarrkirche** von **St. Veit,** 14. Jh. mit stimmungsvollem Bergfriedhof (Grabmal des Dolomitenpioniers Viktor Wolff von Glanvell u. a.). – Die **Kirche** von **Schmieden,** 1735 erbaut, mit dem nach den früheren Sensenschmieden benannten Dörfchen. – Der **Pragser Wildsee** (Hotel und Kapellchen). – **Bad Altprags** (in der Kapelle ein Gewölbe mit den Wappen der Fürsten Gonzaga und der Grafen von Görz). – **Plätzwiesn** (über dem Wirtshaus die Reste eines alten österreichischen Sperrforts, 1915 Standort schwerer deutscher Artillerie).

RASEN-ANTHOLZ

Gemeinde, Provinz Bozen, Einwohnerzahl: 2500, Seehöhe: 1.030-1.642 m, Postleitzahl: I-39030. **Auskunft:** Tourismusverein Rasen-Antholz. **Bahnstation:** Olang (2-17 km). Busverbindung mit Bruneck und zum Antholzer See.

Niederrasen ist der Hauptort des Tales. Antholz war zur Zeit der Bauernkriege ein Mittelpunkt aufständischen Geistes. Peter Paßler aus Antholz war nach Michael Gaismair aus Sterzing der bekannteste Führer der Bauern. Der Aufstand begann, als er 1525 in Brixen hingerichtet werden sollte. Er wurde von den Bauern befreit und stürmte mit ihnen das Kloster Neustift. Nach dem Scheitern des Aufstandes wurde er auf der Flucht in Friaul ermordet. Der Stammhof Peter Paßlers besteht noch.

Sehenswert

Die **Pfarrkirche** von Niederrasen, 1070 urkundlich genannt, Turm 16 Jh. – Die **Stubentäfelung** im Erdgeschoß des Pfarrwidums, 16. Jh. – Der **»Galler an der Linde«** (ehem. Küchenmeierhof der Bischöfe von Brixen). – Der Ansitz **»Heufler«** in Oberrasen, 1580 erbaut (sehr wertvolle Renaissance-Täfelung, Säulenumrahmungen der Türen und Intarsien in den Füllungen). – Die **Pfarrkirche von Oberrasen,** 1388 zum ersten Mal erwähnt, 1428 ge-

weiht, 1960 umgebaut. – Die **Marienkapelle** bei Bad Salomonsbrunn. – Das **St.-Walburgs-Kirchlein** in Niedertal (an der Außenseite Christophorus aus der Pacherschule, außerdem wertvolle Holzskulpturen). – Die **Pfarrkirche von Mittertal,** barock, ursprünglich romanisch, 1220 genannt (im Innern eine Erstlingsarbeit Johann Renzlers, 1795). – Der **Paßlerhof,** Heimat des »Freiheitspredigers« Peter Paßler.
Edelsitz Oberrasen (1580) mit Renaissance-Täfelung. – Ruine Altrasen (Gerichtssitz der Grafschaft Pustertal im 13. Jh.). – Ruine Neurasen. – **Erdpyramiden.** – **Biotop** Rasner Möser.

SEXTEN

Gemeinde, Provinz Bozen, Einwohnerzahl: 1850, Seehöhe: 1.317 m, Postleitzahl: I-39030. **Auskunft:** Tourismusverein Sexten. **Bahnstation:** Innichen (7 km). Busverbindung mit Innichen und Moos – Fischleintal.
Bergbahnen: Gondelbahnen, Sessel- und Schlepplifte.

Der Name des Sextentales wird von den lateinischen Worten Hora sexta = sechste Stunde nach Sonnenaufgang abgeleitet. Kaiser Otto I. schenkte die Siedlung 965 dem Kloster Innichen. Die Bevölkerung lebte lange Zeit hindurch von Viehzucht und Landwirtschaft, daneben noch vom Fell- und Holzhandel. Um die Mitte des 19. Jh.s wurden St. Veit und Moos in Sexten als Bergführerdörfer entdeckt. Von hier erfolgten berühmte Erstbesteigungen in der Einser- und Zwölfergruppe. Die bekanntesten Bergführer im Kampf um die Ersteigung der Drei Zinnen und des Monte Cristallo stellte die Familie Innerkofler. Einer ihrer Angehörigen, der Bergführer und Standschützenunteroffizier Sepp Innerkofler fiel im Kampf um den Paternkofel im Drei-Zinnen-Gebiet 1915. Seine Gestalt lebt in vielen Erzählungen und Anekdoten fort. Sexten ist auch die Heimat des bekannten Tiroler Malers Meister Rudolf Stolz.

Sehenswert

Die **Pfarrkirche** von St. Veit, im Ersten Weltkrieg völlig zerstört, zwischen 1920–1930 neu aufgebaut. – Das **Rudolf-Stolz-Museum** am Hauptplatz (mit Bildern und Gemälden des Meisters Rudolf Stolz). – Der terrassenförmig angelegte **Friedhof** mit dem von Rudolf Stolz ausgeschmückten **»Totentanz«**. – Reste der österreichischen **Sperrforts Mitterberg** und **Heideck** aus den Kämpfen des Ersten Weltkrieges. – **Alte Frontstellungen** am Seikofel.

TOBLACH

Marktgemeinde, Provinz Bozen, Einwohnerzahl: 3100, Seehöhe: 1.250 m, Postleitzahl: I-39034. **Auskunft:** Tourismusverein Toblach. **Bahnstation:** im Ort. Busverbindung mit Cortina d´Ampezzo, Bruneck und Lienz.
Bergbahnen: Sessellift Radsberg und Schlepplifte.

Wo die alte »Strada d'Alemagna«, die Handelsroute Vendig–Augsburg, durch das Höhlensteintal in das Pustertal eintritt, liegt der stattliche Markt Toblach auf der Höhe des Toblacher Feldes, das die Wasserscheide zwischen Rienz und Drau, Adriatischem und Schwarzem Meer bildet. Der Ort teilt sich in Neu-Toblach, eine um die Jahrhundertwende entstandene Hotelsiedlung, die sehr schnell eine beliebte Sommerfrische Südtirols wurde, und Alt-Toblach auf dem Schuttkegel des Silvesterbaches am Nordrand des Toblacher Feldes mit seiner Barockkirche und der Herbstenburg. Auf dem Viktoribichl bei Toblach soll der Bajuwarenherzog Garibald II. im Jahre 610 die von Kärnten herausdrängenden Slawen besiegt haben. Toblach wird 827 zum ersten Mal erwähnt. Seit dem 13. Jh. gab der Verkehr dem Ort wirtschaftliche Bedeutung. Kaiser Maximilian erwarb 1500 die Herbstenburg, wo er öfters weilte, um die Bäder in Bad Maistatt zu besuchen, aber auch um seine Landsknechtshaufen gegen die Venezianer zu sammeln. Im Ersten Weltkrieg wurde Neu-Toblach fast völlig zerstört.

Sehenswert

Pfarrkirche zum hl. Johannes dem Täufer, neu erbaut 1769 mit Turm von 1800, schöne Deckengemälde von Franz Zeiller und Plastiken von Perger. – **Kalvarienbergkapellen,** 16. Jh. – **Kapelle in der Gratsch,** 2. Hälfte des 18. Jh.s. – **Ansitz Thurn,** 15. Jh. – **Herbstenburg,** 16. Jh. – **Kirche zur Schmerzhaften Mutter Gottes** in Aufkirchen, geweiht 1475, verlängert 1750, Wandgemälde von Simon von Taisten, 1515. – **Dürrensee** mit Monte Cristallo. – Die **Drei Zinnen.**

WELSBERG

Gemeinde, Provinz Bozen, Einwohnerzahl: 2400, Seehöhe: 1.087 m, Postleitzahl: I-39035. **Auskunft:** Tourismusverein Welsberg und Tourismusverein Taisten. **Bahnstation:** im Ort. Busverbindung mit Bruneck, Cortina d´Ampezzo, in das Pragser und Gsieser Tal.

Sehenswert

Die **Pfarrkirche,** als Margaretenkapelle 1342 errichtet, 1736 umgebaut (Altargemälde des Welsberger Paul Troger). – Das **»Bildstöckl«** am Margartenplatz (Fresken von Michael Pacher). – **Schloß Welsberg,** 13. Jh. – **Burgruine Thurn.** – Kirche **»Unserer Lieben Frau am Rain«,** 1337. – Die **Pfarrkirche** der Fraktion **Taisten** in 2 km Entfernung (1944 erneuerte Malereien von Anton Zeiller, wertvolle Monstranz, 12. Jh.). – **Erasmuskapelle** in Taisten, erbaut 1470. – **Jakobskapelle** ebenda mit Malereien des Simon von Taisten (15./16. Jh.). – **St.-Georgs-Kirche,** erbaut 12. Jh. (Malereien des Simon von Taisten, Fresken, Mitte 16. Jh., **Glocken,** 1551 gegossen). – **Tabernakelbildstock** auf dem Domplatz (15. Jh.).

Wanderungen und Bergtouren im Oberen Pustertal:

15 **Bergtour:** Bad Bergfall – Dreifingerspitze, 2.479 m – Piz da Peres, 2.507 m

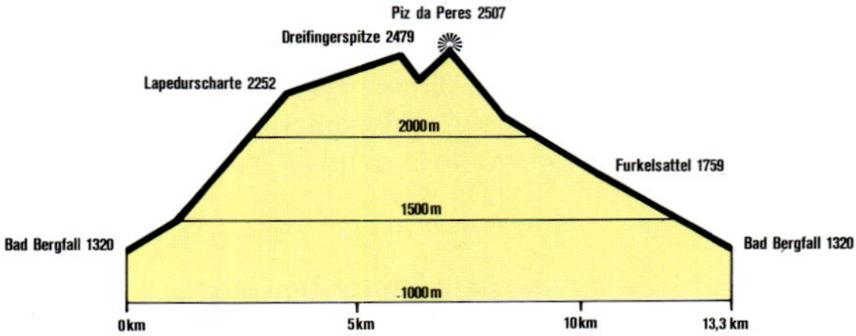

Ausgangspunkt: Bad Bergfall
Parken: GH Bad Bergfall
Höhenunterschied: 1.183 m

Wanderzeit: 6 Std.
Schwierigkeitsgrad: mittel!
Einkehr: Furkelhaus

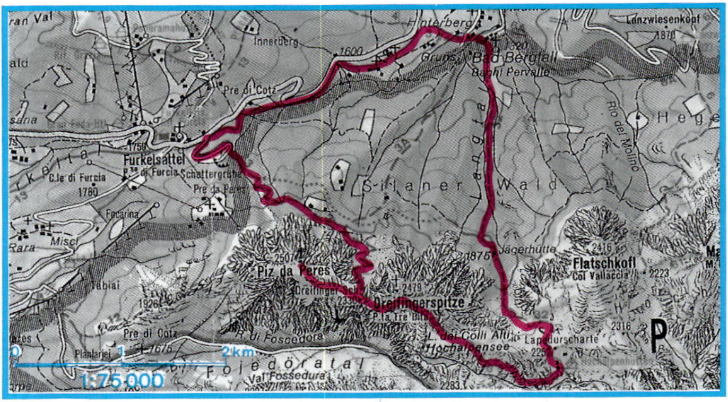

Tourenverlauf: Vom Ausgangspunkt wandern wir südwärts durch das sehr reizvolle Langtal zur Jägerhütte. Über der Waldgrenze erreichen wir nach nicht ganz 2 Stunden Wanderung die Lapedurscharte. Auf z. T. felsigem Steig geht es nun westwärts und am Weg Nr. 6 zum äußerst idyllisch gelegenen Hochalpensee. Bei wunderbarem Ausblick über die Dolomiten folgen wir dem Ostkamm (Nr. 3) zur Dreifingerspitze. Von hier führt nun der Weg kurz steiler abwärts zur Dreifingerscharte. Danach folgen wir der Markierung Nr. 12, die uns über einen grasdurchsetzten Hang auf den Gipfel des Piz da Peres führt. Nach ausgiebiger Rast und Genuß der prächtigen Rundsicht steigen wir wieder zur Dreifingerscharte ab, zweigen hier links in den Weg Nr. 3 ab Richtung Furkelsattel. Zuerst steil durch eine Schuttrinne, später über einen Waldsteig talwärts zum Furkelhaus. Nach Rast und Einkehr wandern wir auf der Straße talwärts zum Ausgangspunkt in Bad Bergfall.

16 **Bergwanderung:** Antholz-Niedertal – Amperspitze, 2.687 m

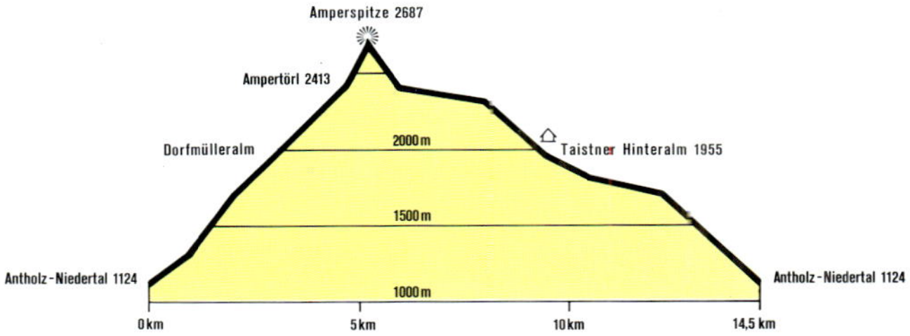

Ausgangspunkt: Antholz-Niedertal
Parken: im Ort
Höhenunterschied: 1.563 m

Wanderzeit: 8½ Std.
Schwierigkeitsgrad: mittel!
Einkehr: Jausenstation Rautalm

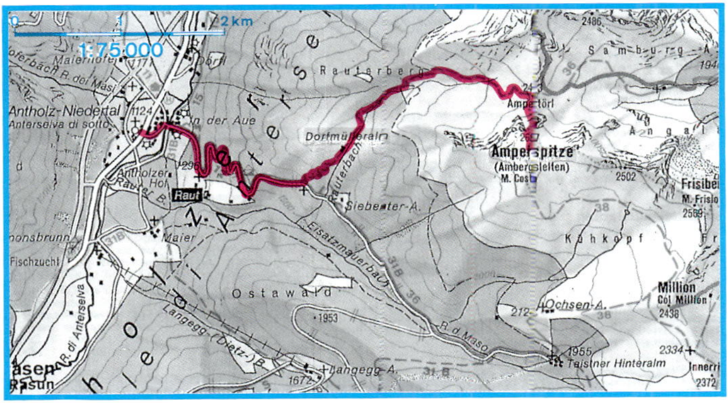

Tourenverlauf: Diese Wanderung ist zwar von ihrem Wegverlauf her eher als leicht zu bezeichnen, doch ob ihrer Länge kann sie auch für geübtere Bergwanderer eine Konditionsprüfung bedeuten. Von der Dorfhauptstraße Richtung Osten abzweigend zu den letzten Häusern. Mit 12 markiert, geht es auf der Forststraße hinauf zur Rautalm. Mäßig ansteigend führt nun der Weg durch den Wald weiter. Bei einer Gabelung verlassen wir die Forststraße und biegen in den mit 36 markierten Steig ein, der uns zuerst über ein paar Kehren zur Dorfmülleralm und dann weiter durch einen Graben und entlang eines Bächleins hinauf zum Rauterberg führt. Wir überschreiten die Waldgrenze und gelangen auf Almsteigen zum 2.413 m hohen Ampertörl, das den Übergang ins Karbach- und dann weiter ins Gsieser Tal bildet. Über den felsigen Nordgrat erreichen wir auf Steigspuren z. T. ziemlich steil den Gipfel. Für den Abstieg können wir den Aufstiegsweg oder den noch um einiges längeren, doch sehr schönen Weg über den Südgrat sowie Ochsenalm und Taistner Hinteralm wählen. Den Abschluß der Tour bildet dann der zweistündige Marsch auf dem Almfahrweg nach Niedertal.

17 **Bergwanderung:** Antholz-Mittertal – Mittertaler Höhenweg – Rieserfernerhütte, 2.792 m

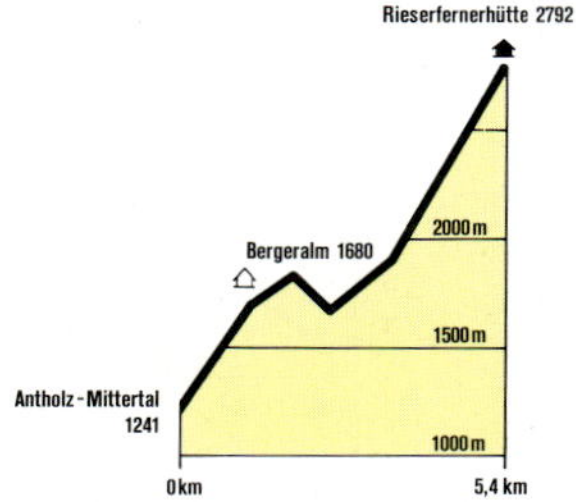

Ausgangspunkt: Antholz-Mittertal
Parken: bei der Kirche
Höhenunterschied: 1.520 m
Wanderzeit: 9 Std. (Hin- u. Rückweg)
Schwierigkeitsgrad: mittel!
Einkehr: Rieserfernerhütte

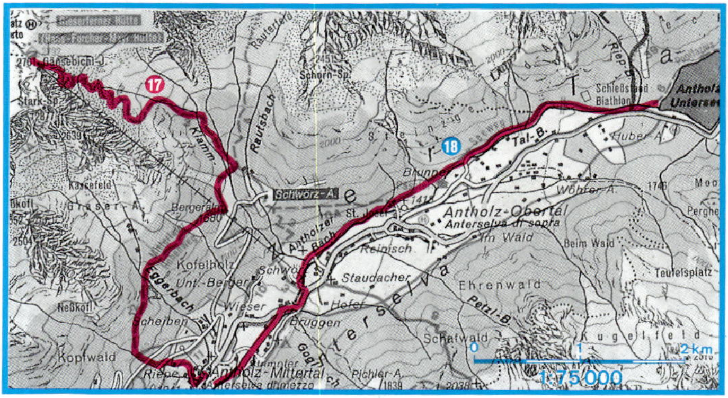

Tourenverlauf: 100 m nördlich der Kirche biegen wir links in den Seitenweg ein, der vorerst asphaltiert ist, dann bei einem Hof in einen Schotter- und Waldweg übergeht. Wir orientieren uns an der Markierung »Mittertaler Höhenweg«. Vorerst führt uns der Weg ziemlich steil durch den Wald hinauf; wir queren eine Forststraße, wandern kurz darauf durch den Eggerbachgraben. Am mäßig steilen Weg geht es in nordwestlicher Richtung unterhalb der Graseralm entlang. Nach einiger Zeit passieren wir die Materialseilbahn auf der Bergeralm, kommen zum Klammbach und stoßen danach auf den Weg Nr. 3, der von der Schwörzalm aufwärts zieht. Diesen benützen wir, indem wir ihm am Klammbach entlang aufwärts folgen. Die Tour beginnt immer steiler zu werden, wir überschreiten die Baumgrenze und erreichen den Fuß eines Kars mit Geröll und Schutt, wo der Weg in vielen Serpentinen aufwärts zieht. Wir stellen mit Freude fest, daß die stets schöner werdende Aussicht uns für die Mühe entschädigt und zwischen den Felswänden von Magerstein und Starkspitze erreichen wir im Gänsebichljoch die Rieserfernerhütte. Herrlich eingebettet inmitten einer hochalpinen Gletscherwelt kann die Hütte als Ausgangspunkt für viele weitere Hochalpintouren dienen.

Antholz-Mittertal

18 **Wanderung:** Antholz-Mittertal – Antholzer See

Ausgangspunkt: Antholz-Mittertal
Parken: bei der Kirche
Höhenunterschied: ca. 400 m
Wanderzeit: 2 Std.
Schwierigkeitsgrad: leicht!
Einkehr: in Antholz-Obertal, Seerestaurant
Karte: siehe Seite 50

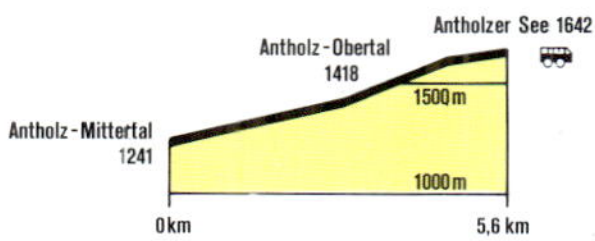

Tourenverlauf: Von der Kirche gehen wir vorbei am Sportzentrum, dann bei einer Gabelung geradeaus, weiter über eine Rechtsbiegung bis zur Hauptstraße. Nach 100 m biegen wir bei einer Abzweigung (Bild Rieserfernerhütte) links ab, dann gleich wieder rechts und folgen dem Bach nach Antholz-Obertal. Nun beginnt der schönste Teil dieser sehr leichten und für jedermann begehbaren Wanderung. Umgeben vom herrlichen hochalpinen Panorama führt ein breiter Weg über Wiesen und durch Wald leicht aufwärts zum Seeplateau. Kurz vor Erreichen des Sees passieren wir noch das Biathlongelände mit dem Schießstand (das Antholzer Tal ist ein Zentrum dieser nordischen Wintersportart). Nach kurzweiliger und angenehmer Wanderung erreichen wir den Antholzer See. Diese Wanderung kann mit der Tour Nr. 19 kombiniert werden (Seeumrundung), die Rückwanderung erfolgt am Hinweg, oder, verkürzt, per Bus.

19 **Rundwanderung:** Um den Antholzer See

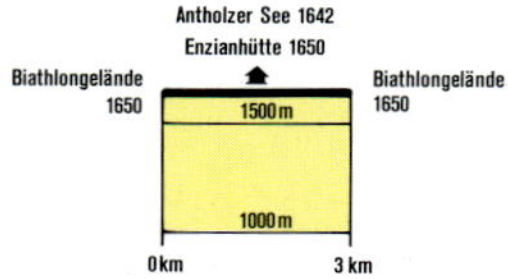

Ausgangspunkt: Südwestufer, Biathlongelände
Parken: neben der Staatsstraße
Höhenunterschied: gering
Wanderzeit: 1½ Std.
Schwierigkeitsgrad: mittel!
Einkehr: Seerestaurant Nordufer, Enzianhütte

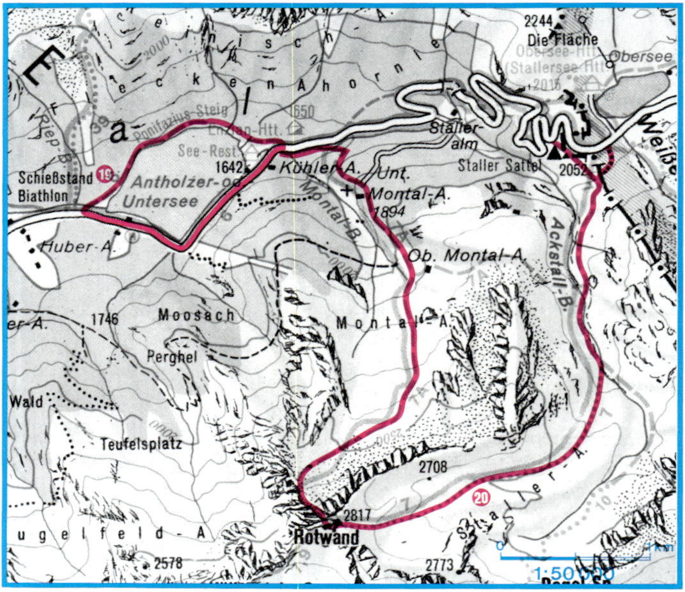

Tourenverlauf: Wir beginnen die Wanderung bei der kleinen Brücke, nach der wir gleich rechts in den Norduferweg abbiegen. Je nach Jahreszeit kann der Weg sehr morastig und sumpfig sein, da das Seeufer sehr flach ist; daher sind wasserfeste Schuhe zu empfehlen. Wir wandern am Nordufer entlang, wobei sich ein schöner Ausblick über den See zu den Straßenkehren ergibt, die hinauf zum Staller Sattel führen. Über uns erheben sich die drei Ohrenspitzen. Wir überqueren einen Bach und benützen den sogenannten Ponifaziussteig, der uns über einen steilen Hang zum nordöstlichen Ende des Sees führt. Wir kommen hier zu einem kleinen Strandbad mit einem Restaurant, wo wir Rast halten. Wir können diese Rundwanderung auch mit einem kleinen Bogen über die Enzianhütte verlängern, die wir über einen Waldweg vom Seeufer aus erreichen. Den Rückweg treten wir entlang der Staller-Sattel-Straße an, die uns zu unserem Ausgangspunkt entlang des südlichen Seeufers führt.

20 **Bergtour:** Staller Sattel – Rotwand, 2.817 m

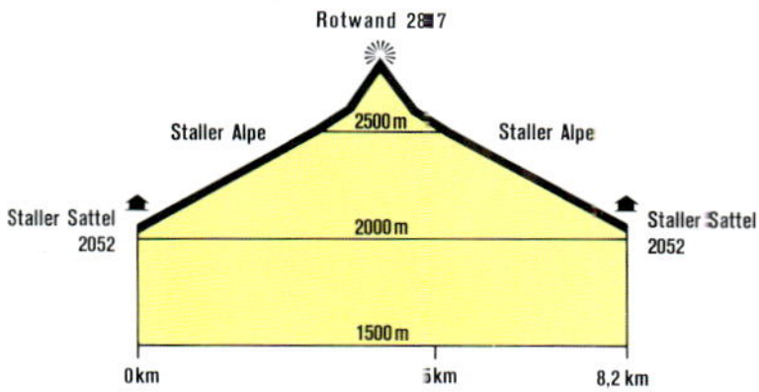

Ausgangspunkt: Staller Sattel
Parken: kurz vor der Staatsgrenze
Höhenunterschied: 765 m
Wanderzeit: 4½ Std.

Schwierigkeitsgrad: mittel!
Einkehr: Stallerseehütte (in Österreich, mit Reisepaß), Enzianhütte (Antholzer See)
Karte: siehe Seite 52

Tourenverlauf: Diese Bergtour ist für all jene geeignet, die zwar ausgedehnte und lange Touren scheuen, trotz alldem aber in relativ kurzer Zeit in hochalpines Gelände gelangen möchten. Unser Ausgangspunkt, der 2.052 m hoch gelegene Staller Sattel, ermöglicht diese relativ kurze, doch steile Tour. Wir wandern von der Staatsgrenze ein kurzes Stück abwärts und biegen dann links in den mit »7« gekennzeichneten Wanderweg ein. Wir gelangen nach ca. 15 Minuten an den Bach, an dem wir nun taleinwärts wandern. Kurz bevor wir in einen steileren Hang einsteigen, gelangen wir zu einer Weggabelung. Links würde uns der Weg hinüber ins Gsieser Tal führen. Wir bleiben jedoch rechts auf dem Weg Nr. 7, der nun kontinuierlich zu steigen beginnt und kurz vor dem Gipfel beträchtliche Steilheit aufweist. Die Mühe lohnt jedoch, nach ca. 2½ Stunden ist der Gipfel erreicht und wir genießen den prachtvollen Rundblick, z. B. hinein ins Osttiroler Defereggental, auf die im Norden gelegene Rieserfernergruppe oder ins Antholzer Tal mit dem Antholzer See. Danach treten wir den Abstieg auf dem Aufstiegsweg an. Geübte können über den Nordwestkamm und die weiten Hänge der Montalalmen absteigen. Allerdings betritt man so die Paßstraße in der Nähe der Enzianhütte.

21 **Bergwanderung:** Welsberg/Taisten – Taistner Vorderalm – Rudlhorn, 2.448 m

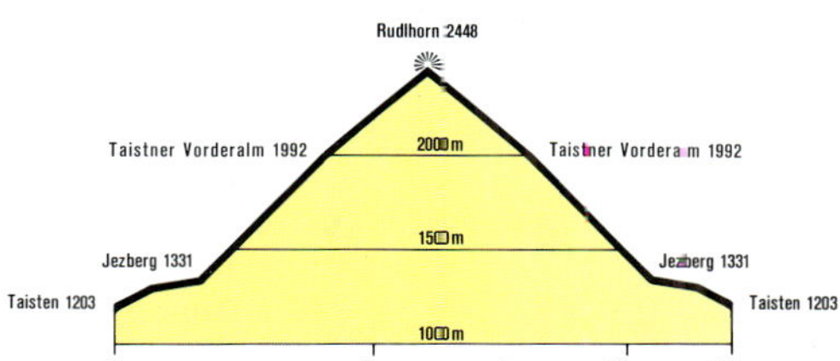

Ausgangspunkt: Welsberg
Parken: Taisten bei Welsberg
Höhenunterschied: 1.406 m

Wanderzeit: 6½ Std.
Schwierigkeitsgrad: mittel!
Einkehr: in Taisten oder Welsberg

Tourenverlauf: Von Welsberg per Auto bis nach Taisten (ca. 5 Min.). Von dort über das Bächlein und dann links die mit »38« markierte Asphaltstraße bergwärts, die uns zu den Gehöften von Jezberg führt. Dort führt nordwärts ein Weg zuerst über Wiesen, dann durch Wald entlang des Taistner Baches. Wir erreichen eine Forststraße, überqueren diese und kommen so nach kurzer Zeit direkt zur Taistner Vorderalm. Wir setzen den gut markierten Weg 38 nun in nordöstliche Richtung fort und wandern, nun schon über der Waldgrenze, über Almmatten unserem Gipfel entgegen. Wir umgehen das Rudlhorn, dessen Südwestflanke recht steil zu uns abfällt, indem wir einen großen Rechtsbogen machen. So erreichen wir den Westgrat und kommen am leichten, aber teilweise ausgesetzten Weg zum Gipfel. Als Abstiegsweg stünde uns auch der steile Weg 54 nach Südosten über Schindlholz ins Gsieser Tal zur Verfügung – wir wählen jedoch den Aufstiegsweg.

Welsberg gegen Sextner Dolomiten

22 **Rundwanderung:** Welsberg – Eggerberg – Römerweg – Durnwald – Welsberg

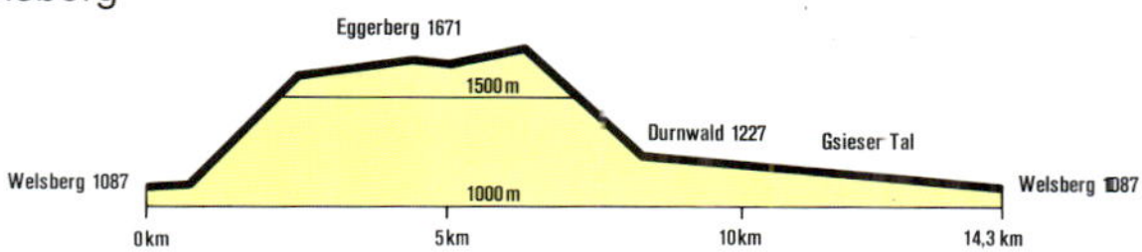

Ausgangspunkt: Welsberg
Parken: Nähe Kaufhaus Schweizer
Höhenunterschied: 620 m
Wanderzeit: 5 Std.

Schwierigkeitsgrad: leicht!
Einkehr: Keilwirt, Durnwald, Zur Brücke, Wiesen
Karte: siehe Seite 54

Tourenverlauf: Vom östlichen Ortsende von Welsberg aus ortseinwärts und kurz nach dem Kaufhaus Schweizer rechts durch eine schmale Straße hinaus aus dem Ort und leicht ansteigend Richtung Schloß. Kurz vor dem Schloß biegen wir jedoch in den mit Nr. 41 bezeichneten Weg (rechts) ein, der nun durch wunderschöne Waldhänge aufwärts zum Gehöft Kammerlechen führt. Kurz danach biegt unser markierter Weg scharf links und danach auf einer Anhöhe leicht rechts ein. Wir befinden uns nun auf dem sogenannten Römerweg, einer sehr alten Verkehrsverbindung, ob sie jedoch bereits von den Römern benutzt wurde, wird angezweifelt. Jedenfalls bietet sich uns auf dem jetzt östlich führenden Kammweg ein sehr schöner Ausblick auf Pustertal und Gsieser Tal sowie auch auf die Dolomiten. Nach einigen leichten Steigungen erreichen wir kurz vor dem 1.722 m hohen Kirchberg eine Abzweigung, bei der wir links steil talwärts nach Durnwald ins Gsieser Tal absteigen. Nach gemütlicher Einkehr wandern wir nun am knapp am Fuß des Eggerberges gelegenen Fahrweg talauswärts und erreichen auf diesem Weg unseren Ausgangspunkt in Welsberg.

23 Rundwanderung: St. Martin/Gsies – Ragotzalm

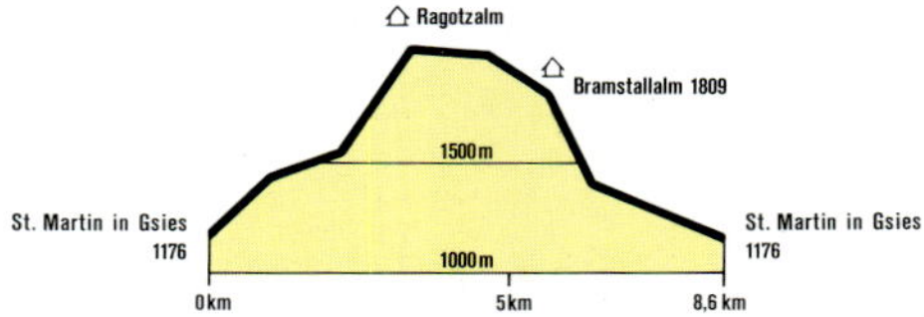

Ausgangspunkt: St. Martin/Gsies
Parken: Nähe Andreashof
Höhenunterschied: 900 m

Wanderzeit: 4½ Std.
Schwierigkeitsgrad: leicht!
Einkehr: Andreashof

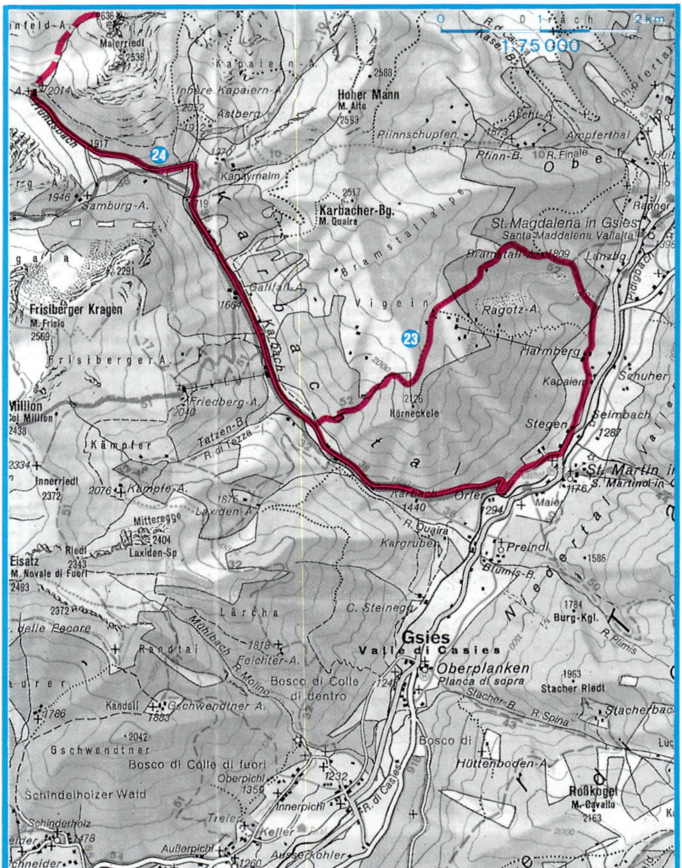

Tourenverlauf: Vom Andreashof aus zuerst die Gsiesertalstraße ein paar Minuten talauswärts, dann rechts über den Bach und auf einer schmalen Forststraße taleinwärts Richtung Karbachtal. Wir kommen am Karbachhof vorbei und wandern noch ein Stück weiter, bis wir bei zwei Hütten rechts in einen Waldpfad einbiegen. Auf einem steil werdenden Waldsteig (Nr. 52) wandern wir hinauf, kommen an einer Almhütte vorbei und ersteigen einen Bergrücken etwas oberhalb des 2.126 m hohen Hörneckele. Nun wird der Weg immer bequemer und mit geringen Höhenunterschieden wandern wir nun nordwärts über die Ragotzalm, passieren die etwas tiefer liegenden Ragotzalmhütten und steigen dann zur Bramstallalm ab. Wir halten uns weiter am Weg Nr. 52 und bleiben bei den folgenden Weggabelungen stets rechts. Im flacheren Teil des Abstieges tritt der Weg aus dem Wald und über Wiesen. Vorbei an den Harmerhöfen erreichen wir wieder die Gsiesertalstraße und in einer Viertelstunde unseren Ausgangspunkt in St. Martin in Gsies.

24 **Bergwanderung:** St. Martin/Gsies — Karbachtal — Ochsenfelder Alm, 2.014 m

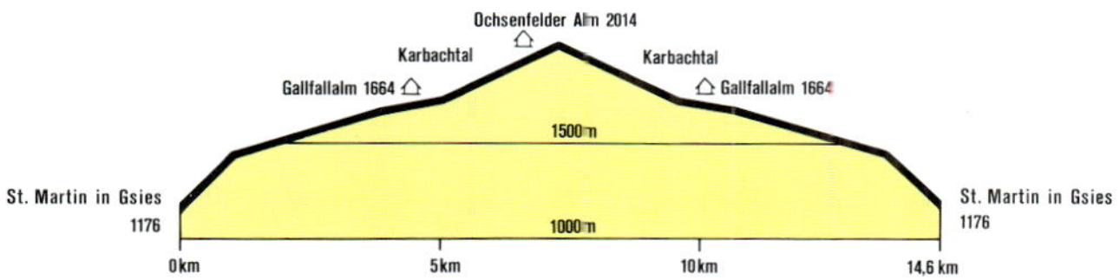

Ausgangspunkt: St. Martin/Gsies
Parken: Kapelle an der Gsiesertalstraße
Höhenunterschied: 838 m

Wanderzeit: 4½ Std.
Schwierigkeitsgrad: leicht!
Einkehr: Karbachhof
Karte: siehe Seite 56

Tourenverlauf: Gegenüber der Kirche zieht eine Asphaltstraße westwärts, dann den Berg hinauf zum Karbachhof. Von hier aus führt dann eine gesperrte Forststraße (Schranken) weiter leicht aufwärts wie bei Wanderung Nr. 23. Bei der Abzweigung zur Ragotzalm wandern wir jedoch weiter taleinwärts auf der Forststraße und erreichen nach mäßigem Anstieg die 1.664 m hoch gelegene Gallfallalm. In nördliche Richtung führt nun mit abwechselnder Steilheit der Weg weiter links zweigt dann im Talschluß der Weg hinüber ins Antholzer Tal ab; wir folgen jedoch weiter der Forststraße, die etwas weiter oben von Nord auf West biegt, einen Bach überquert und dann in etwas steilerer Steigung zur äußerst ruhig gelegenen Ochsenfelder Alm führt. Die Ochsenfelder Alm ist neben der Tatsache, daß sie ein eigenes Tourenziel für Wanderer, die ruhige und abgelegene Plätze suchen, bilden kann, auch als Zwischenetappe ins Antholzer Tal über die Grüblscharte anzusehen. Wanderer, die das Unberührte suchen, können auch weglos entlang eines Bachbettes (zu gewissen Zeiten im Jahr kein Wasser führend) die im Norden der Alm gelegenen Ochsenfeldseen besuchen. Gute Orientierungsfähigkeit ist jedoch dafür erforderlich.

25 **Bergwanderung:** St. Magdalena/Gsies – Hochkreuz, 2.740 m

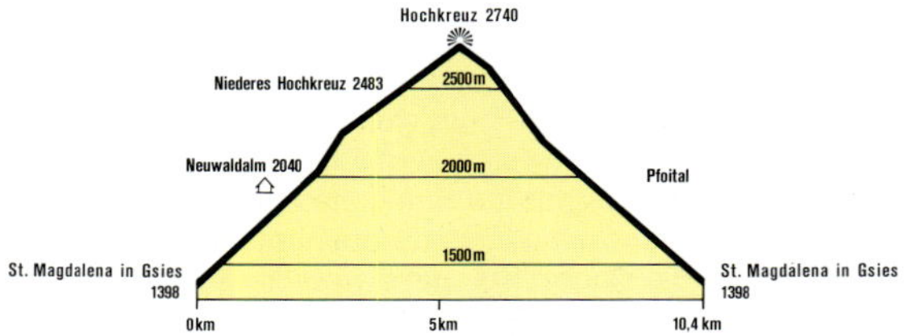

Ausgangspunkt: St. Magdalena/Gsies
Parken: vor Brücke beim Haus »Alpenblick«
Höhenunterschied: 1.340 m

Wanderzeit: 6½ Std.
Schwierigkeitsgrad: mittel!

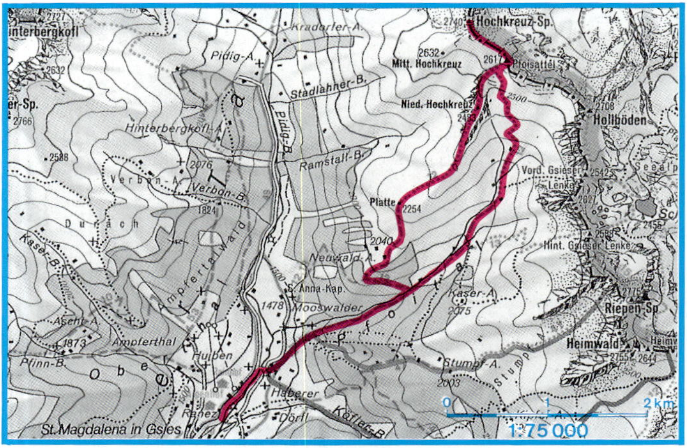

Tourenverlauf: Diese Tour befindet sich im Talschluß des Gsieser Tales und führt zu einem erhabenen und aussichtsreichen Gipfel, der Blicke sowohl in die Osttiroler wie auch in die Südtiroler Bergwelt gewährt.
Wir überqueren die kleine Brücke über den Gsieser Bach (auffallender Markierungspunkt: Pfeiler mit vielen Wegweisern) und wandern vorbei am Haus Alpenblick ins einsame und ruhige Pfoital (Wegmarkierung Nr. 12). Der Weg führt zuerst durch den Wald und beginnt dann stärker zu steigen. Kurz vor Erreichen der Waldgrenze biegt der Weg links ab, und wir steigen nun etwas steiler aufwärts zur bereits recht aussichtsreichen, doch unbewirtschafteten Neuwaldalm. Von dort halten wir uns immer in nördliche Richtung über einen Almweg zum Südgrat des Hochkreuzes. Über etwas langwierigen, doch unschweren Aufstieg erreichen wir den Gipfel. Wir genießen den wunderbaren Rundblick und steigen danach über einen östlich des Gipfels beginnenden Steig (ebenfalls mit 12 markiert) in den Talschluß des Pfoitales ab. Auf einem Weg, der später entlang des Pfoibaches führt, erreichen wir wieder die Abzweigung zur Neuwaldalm, um dann weiter über den Aufstiegsweg unseren Ausgangspunkt im Gsieser Tal zu erreichen.

26 **Wanderung:** Pragser Wildsee – Kühwiesenkopf, 2.140 m – Welsberger Berg – Schmieden

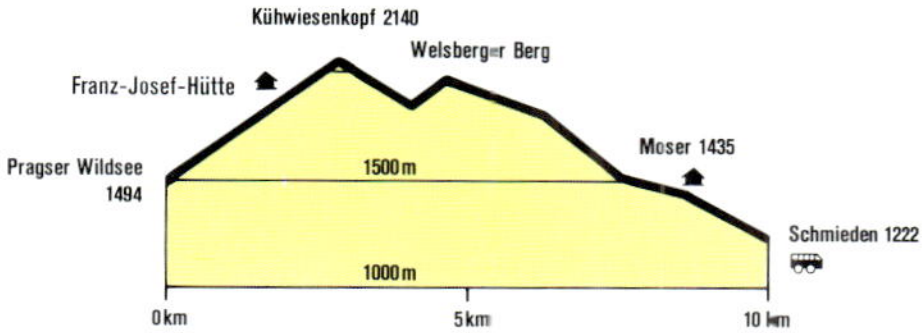

Ausgangspunkt: Pragser Wildsee
Parken: am See
Höhenunterschied: 795 m

Wanderzeit: 4 Std.
Schwierigkeitsgrad: leicht!
Einkehr: Hotel Pragser Wildsee

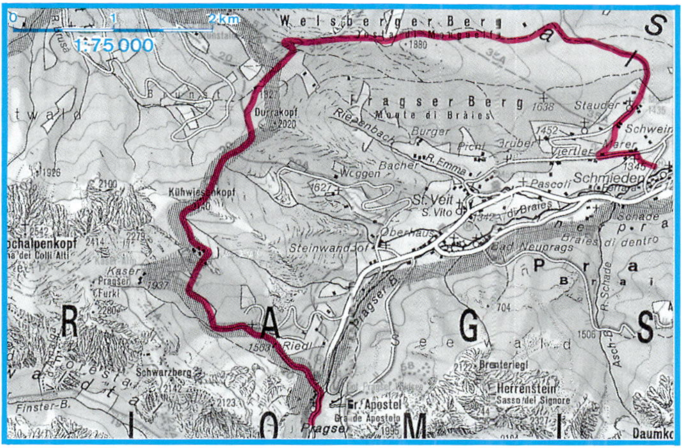

Tourenverlauf: Der Pragser Wildsee ist aufgrund seiner idyllischen Lage in den Pragser Dolomiten als eigenes Wanderziel erwähnenswert. Die Wanderung rund um den See dauert ca. 1 Stunde. Unsere Wandertour auf den Kühwiesenkopf beginnt am Nordufer des Sees am Ende der befahrbaren Straße und führt uns über den markierten Weg Nr. 20 westlich bergwärts Richtung Kaseralm. Wir wandern jedoch nicht bis zur Kaseralm, sondern biegen vom Weg rechts ab und erreichen nach unschwerem Aufstieg über Almmatten den Kühwiesenkopf, der trotz seiner nicht allzugroßen Höhe wunderbare Aussicht auf die Pragser Dolomiten bietet. Von hier aus halten wir uns weiterhin nordwärts und wandern zuerst über den Nordkamm, dann westlich unter dem Durrakopf weiter (Weg Nr. 20). Kurz nach dem Durrakopf halten wir uns an Nr. 35, welche uns nordöstlich über den Kamm des 1.880 m hohen Welsberger Berges führt. Über den Weg Nr. 35 A steigen wir talwärts, vorbei am GH Moser und erreichen im Tal den Ortsteil Schmieden, von wo wir die Rückfahrt per Bus zum Pragser Wildsee antreten.

27 **Bergtour:** Pragser Wildsee – Seekofelhütte – Seekofel, 2.810 m

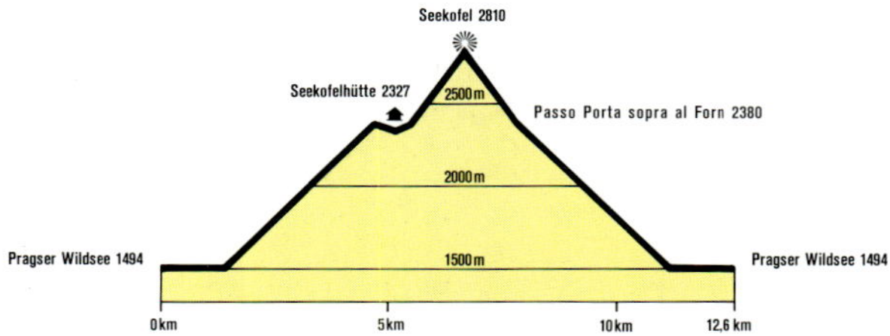

Ausgangspunkt: Pragser Wildsee
Parken: beim See
Höhenunterschied: 1.316 m

Wanderzeit: 7½ Std.
Schwierigkeitsgrad: mittel!
Einkehr: Seekofelhütte, Hotel Pragser Wildsee

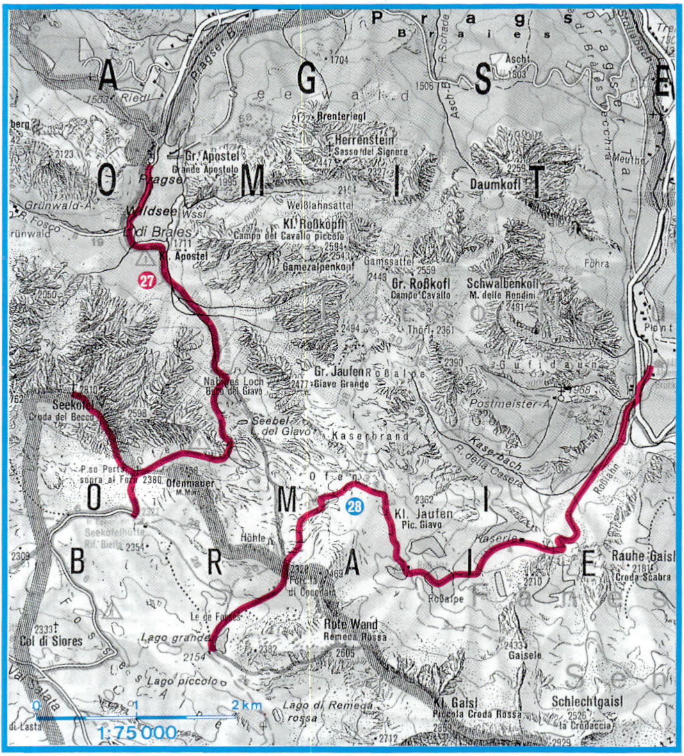

Tourenverlauf: Diese Tour führt vom bereits in Tour Nr. 26 beschriebenen Pragser Wildsee aus; diesmal jedoch mitten hinein in die südlich des Sees gelegenen Pragser Dolomiten. Wir wandern zuerst ein Stück auf der am

Westufer des Sees gelegenen und für KFZ gesperrten Straße Richtung Süden, verlassen diese am Südwestzipfel des Sees und benutzen von nun an den recht deutlich abgenützten und mit »1« markierten Dolomitenhöhenweg. Dieser bringt uns nun in südöstliche Richtung in ein Hochgebirgstal. Der Weg wir zusehends steiler; nach dem Nabigen Loch führt der Pfad teilweise sehr steil am südöstlichen Fuß des Seekofelmassivs hinauf zur Seekofelhütte, die, in einer Senke gelegen, zur Einkehr lädt. Nach erholsamer Rast besteigen wir den nördlich der Hütte gelegenen Gipfel. Der Weg führt zuerst ein kurzes Stück zurück, dann links abzweigend auf gut markiertem Steig aufwärts. Die Steigspuren sind schwer erkennbar, die weitere Besteigung bis zum Gipfel ist aber bei Berücksichtigung der alpinen Grundbegriffe relativ gefahrlos. Für die Mühen des langen Aufstiegs werden wir nun mit einem traumhaften Blick ins Tal und auf den dort gelegenen Pragser Wildsee belohnt. In den übrigen Himmelsrichtungen kann man sich an den herrlichen Dolomitengipfeln gar nicht sattsehen. Für den Abstieg benutzen wir den gleichen Weg wie beim Aufstieg, steigen jedoch bei der Scharte nicht rechts zur Hütte, sondern gleich wieder direkt links zum Pragser Wildsee ab.

28 **Bergwanderung:** Altpragser Tal – Roßhütte – Fosses-Seen, 2.154 m

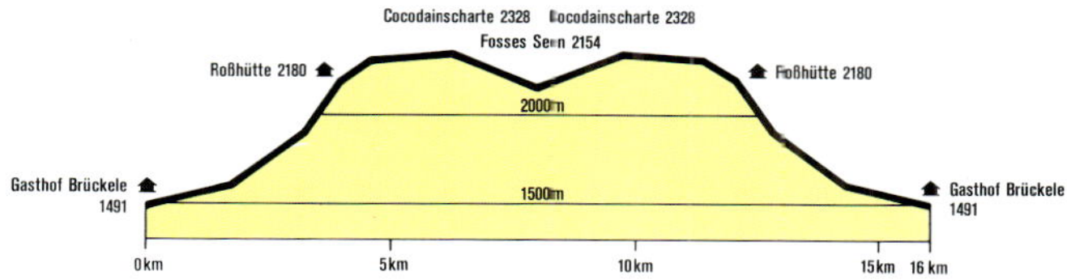

Ausgangspunkt: Altpragser Tal
Parken: GH Brückele
Höhenunterschied: ca. 650 m

Wanderzeit: 6½ Std.
Schwierigkeitsgrad: leicht!
Einkehr: GH Brückele
Karte: siehe Seite 60

Tourenverlauf: Von unserem Ausgangspunkt wandern wir zuerst in südwestlicher Richtung über eine Schotterstraße entlang dem Kaserbach taleinwärts. Später benutzen wir den Wanderweg Nr. 4, der nun etwas ansteigend zuerst vorbei an der Kaserlehütte und nach etwas mehr als einer Stunde zur Roßhütte führt (Hütte zeitweise bewirtschaftet).
Von hier aus dann weiter nördlich über einen Almsteig zum Kleinen Jaufen, dann in einer langgezogenen Linksbiegung auf Weg Nr. 3 und Nr. 28 in südlicher Richtung hinauf zur 2.328 m hoch gelegenen Cocodainscharte. Hier zweigt links der steile Anstieg zur Roten Wand ab. Wir halten uns jedoch in südwestliche Richtung zu dem inzwischen sichtbaren, herrlich gelegenen Großen Fossessee, den wir nach unschwerem Abstieg in ca. 20 Minuten erreichen. Da mehrere Hütten von diesem See aus leicht erreichbar sind, kann diese Tour auch durch eine Wanderung zu der ca. 45 Minuten entfernten Seekofelhütte erweitert werden. Ansonsten besuchen wir die etwas tiefer gelegenen zwei kleinen Seen und kehren am Anstiegsweg ins Tal zurück.

29 **Bergtour:** Dürrensteinhütte – Dürrenstein, 2.839 m – Plätzwiese

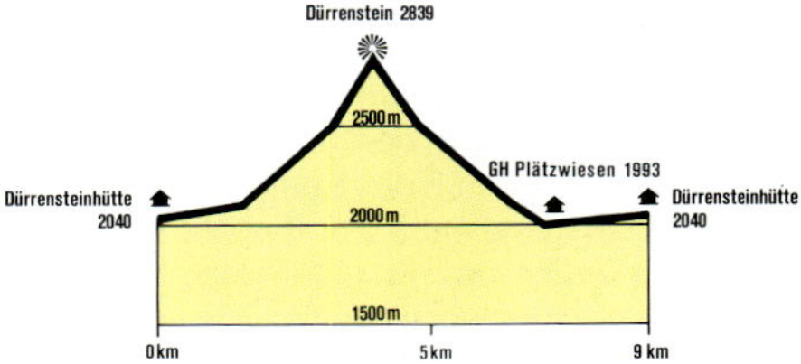

Ausgangspunkt: Dürrensteinhütte
Parken: bei der Hütte
Höhenunterschied: 846 m

Wanderzeit: 5½ Std.
Schwierigkeitsgrad: mittel!
Einkehr: Dürrensteinhütte, Plätzwiesen

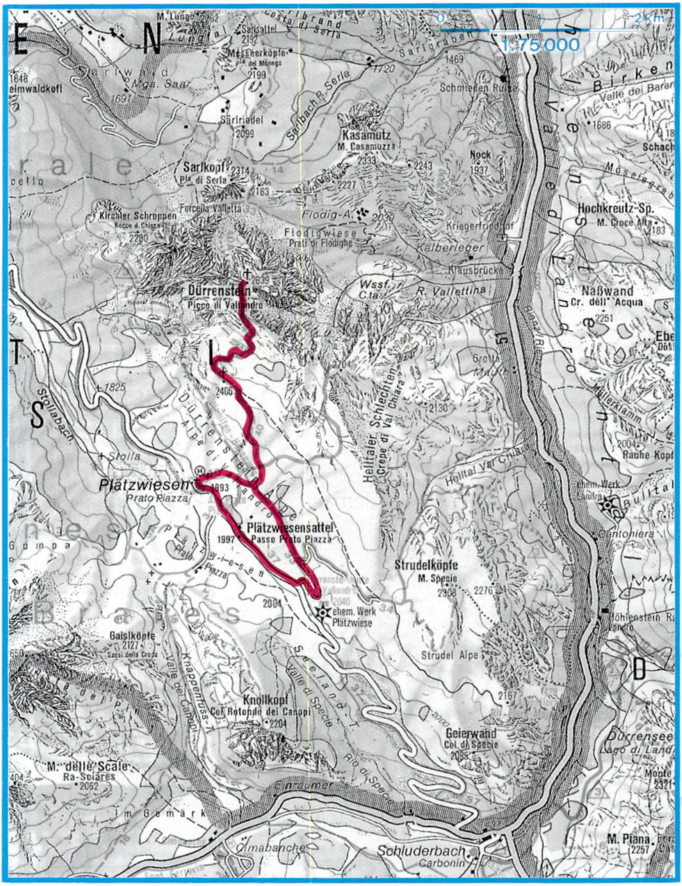

Dürrensee im Val Popena und Monte Cristallo

Tourenverlauf: Mit dem KFZ erreichen wir unseren Ausgangspunkt, die Dürrensteinhütte, von Brückele (Altpragser Tal) aus zeitlich begrenzt befahrbar bzw. Taxidienst, von Schluderbach aus ab 1986 gesperrt! Es sei jedoch darauf verwiesen, daß diese Straßen nicht in allerbestem Zustand sind. Der Dürrenstein bietet sich von der Hütte als markanter, alleinstehender Gipfel, der eine gute Rundsicht erwarten läßt. Von der Hütte wandern wir auf dem Weg Nr. 33 (Dolomitenhöhenweg 3) ein Stück nordwärts, bis wir unter dem Dürrenstein den rechts abzweigenden Weg Nr. 40 erreichen, der uns über Almwiesen und zuletzt etwas steiler werdend über gut markierte Felssteigspuren auf den Gipfel führt. Und unsere Erwartungen bezüglich der Aussicht wurden nicht enttäuscht. Wie im Bilderbuch liegen vor uns die Gipfel der Sextener Dolomiten oder der Cristallogruppe! Wir steigen nun wieder auf dem Weg Nr. 40 ab. Bei der Kreuzung mit dem Dolomitenhöhenweg überqueren wir jedoch diesen und erreichen geradeaus in mäßigem Gefälle das GH Plätzwiesen. Auf dem Fahrweg wandern wir danach weiter südwärts über den Plätzwiesensattel und im Aufstieg zur Dürrensteinhütte (Abstieg nach Schluderbach am Weg 37 die Straße abkürzend, 1½ Std.).

㉚ **Wanderung:** Toblach – Enzianhütte – Radsberg, 1.606 m

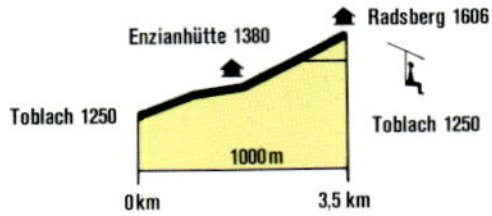

Ausgangspunkt: Toblach
Parken: Talstation Radsberglift
Höhenunterschied: 356 m

Wanderzeit: 2 Std.
Schwierigkeitsgrad: leicht!
Einkehr: Radsberg, Enzianhütte

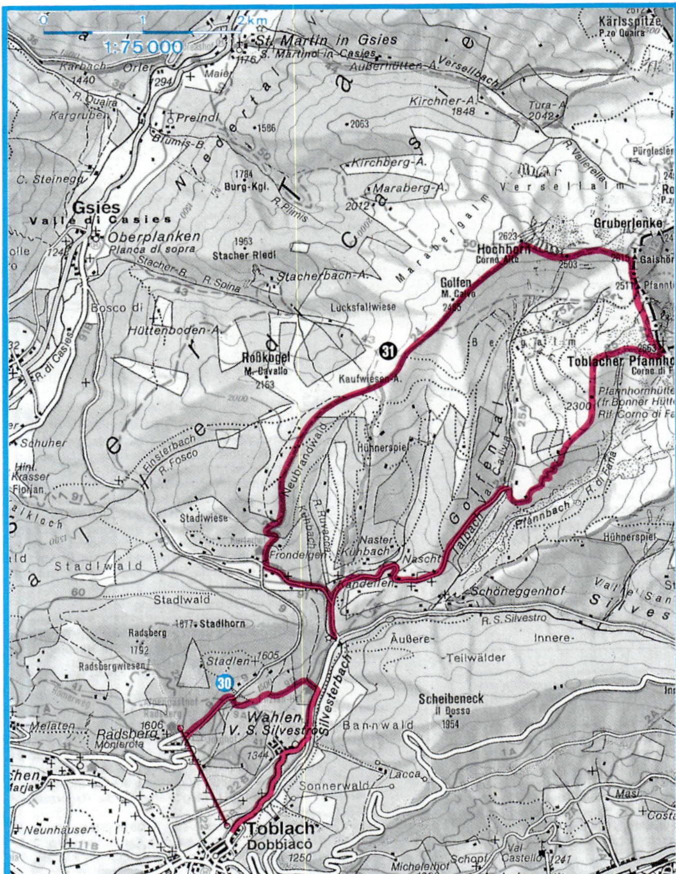

Tourenverlauf: Vom Parkplatz der Seilbahn erreichen wir auf der Silvestertalstraße nach ca. ½ Stunde Wahlen. Hier halten wir uns weiter nordwärts und wandern dem Bach entlang weiter in den Talgrund. Nach weiteren 20 Minuten erreichen wir die am Waldrand gelegene Enzianhütte. Nach einer kurzen Einkehr steigen wir den Weg, der gleich hinter dem Haus links abbiegt, bergwärts und stoßen auf einen Waldweg (»9 B«), der uns nach links bergan führt. Über Wald und Lichtungen bergwärts wandernd, wird der Weg breiter. Wir biegen links ab. Bald lichtet sich der Wald. Wir erblicken den Sessellift und die Wiesen des Radsberges und kurz darauf die Gasthöfe mit der Bergstation. Obwohl wir nur eine Höhe von 1.606 m erreichen, bietet sich uns vor allem in südlicher Richtung ein sehenswertes Panorama. Dieser Ausflug ist daher für Wanderer aller Altersschichten zu empfehlen. Der Abstieg könnte nun auch über einen der direkt nach Toblach führenden Wege vorgenommen werden; in unserem Falle wählen wir den leichtesten: den Radsberglift.

31 **Bergtour:** Toblach – Toblacher Pfannhorn, 2.663 m – Hochhorn, 2.623 m

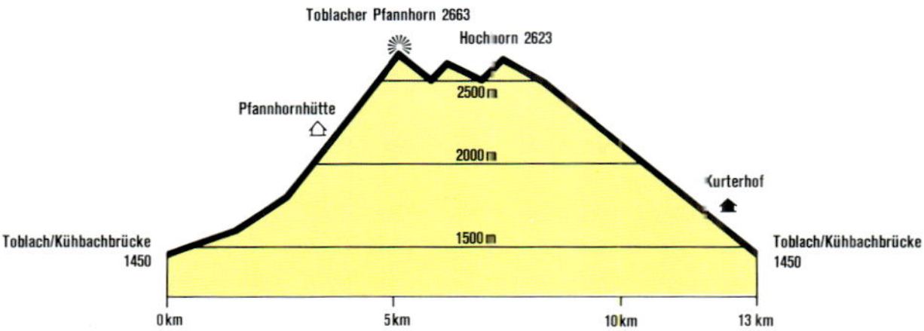

Ausgangspunkt: Toblach
Parken: Kühbachbrücke am Silvestertal-eingang
Höhenunterschied: 1.260 m
Wanderzeit: 8 Std.

Schwierigkeitsgrad: schwierig! Nur für Geübte und Konditionsstarke!
Einkehr: Kurterhof
Karte: siehe Seite 64

Tourenverlauf: Wir wandern auf dem Kühbachtal-Fahrweg aufwärts, halten uns bei einer Gabelung rechts und folgen von nun dem Weg 25, der uns zuerst nach Kandellen führt. Weiter diesem Weg entlang kommen wir nach Nascht und kurz darauf zum Talbach. Wir überqueren diesen und folgen einem Güterweg, der sich immer steiler werdend bis zur unbewirtschafteten Pfannhornhütte aufwärtsschlängelt. Von hier aus erreichen wir den Gipfel über den Westrücken in ca. 45 Minuten. Die Rundsicht vom Pfannhorn aus muß als einmalig bezeichnet werden. Bei guter Sicht überblickt man nicht nur die Berge Südtirols. Durch seine Grenzlage zu Österreich bietet sich auch ein herrlicher Blick ins Osttiroler Villgratental sowie bis zu den im Nordosten gelegenen Hohen Tauern. Wir setzen nun den relativ leichten Weg zum Pfanntörl hinab fort, dann wieder aufwärts zum ebenfalls aussichtsreichen Gaishörndl, wo wir die Staatsgrenze wieder in Richtung Westen verlassen und über den Westgrat ziemlich flach zum Hochhorn aufsteigen. Hier steigen wir nun in südwestlicher Richtung über den Golfen als letzten Gipfel und weiter über die Kaufwiesenalm auf dem Weg 24 talwärts zum Kurterhof. Nach Rast und Einkehr wandern wir die Straße weiter ostwärts zum Kühbach und zum Ausgangspunkt.

32 **Rundwanderung:** Toblach – Drauquellen – Innichen – Toblach

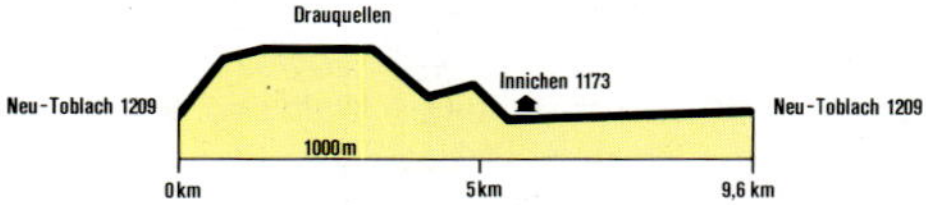

Ausgangspunkt: Toblach
Parken: Nähe Bahnhof
Höhenunterschied: 450 m

Wanderzeit: 3 Std.
Schwierigkeitsgrad: leicht!
Einkehr: in Toblach oder Innichen

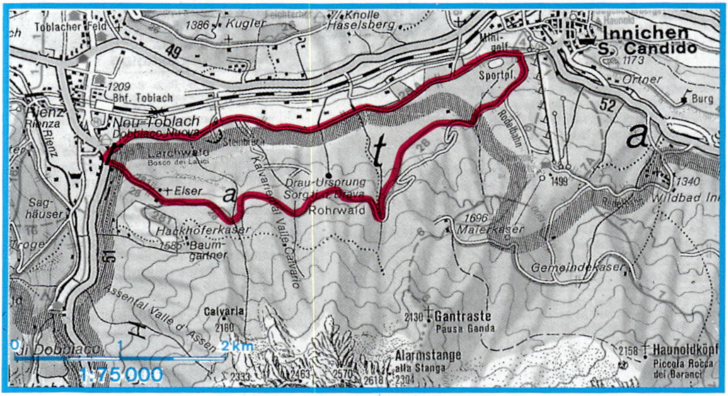

Tourenverlauf: Vom Bahnhof Toblach nehmen wir zuerst die Zubringerstraße zur Hauptstraße nach Cortina. Diese verlassen wir bald wieder nach links, indem wir in den Weg Nr. 28 abbiegen, der uns durch den Wald bergwärts führt. Wir blicken nun linker Hand hinab ins Toblacher Feld, queren ein kleines Bächlein und erreichen nach 45 Minuten die Drauquellen. Weiter ostwärts kommen wir nach kurzer Zeit zu einer Forststraße. Auf Abkürzungen gelangen wir nach Innichen. Wir können entweder in den Ort weiterwandern oder bei der ersten Wegkreuzung links abbiegend am Sportplatz vorbei den Weg Richtung Toblach nehmen. Dieser Weg führt im Auf und Ab westwärts. Wir überqueren wiederum die jungen Quellflüsse der Drau, kommen später an einem Steinbruch sowie einem Militärschießstand vorbei und erreichen darauf unseren Ausgangspunkt in Toblach.

33 **Rundwanderung:** Höhlensteintal – Helltal – Dürrensteinhütte, 2.040 m – Schluderbach

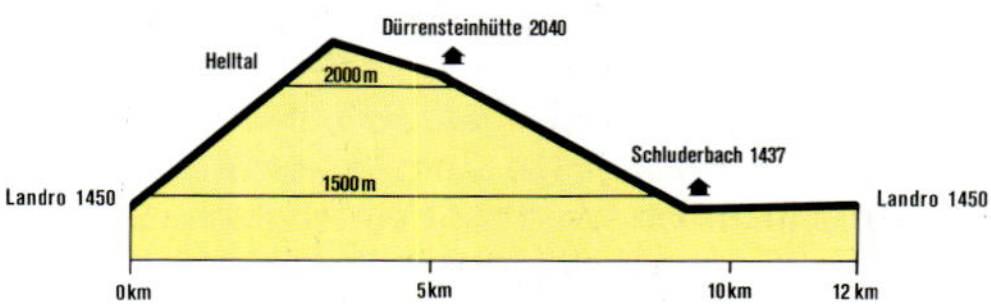

Ausgangspunkt: Landro im Höhlensteintal
Parken: Nähe Höhlensteinruine
Höhenunterschied: ca. 800 m

Wanderzeit: 5 Std.
Schwierigkeitsgrad: leicht!
Einkehr: Dürrensteinhütte

Tourenverlauf: Im Aufstieg benutzen wir den nahe der Höhlensteinruine an der Straße beginnenden Weg Nr. 34, der in nordwestlicher Richtung sanft am Fuße der Strudelköpfe ansteigt. Bald kann man im Osten die Drei Zinnen erblicken. Wir erreichen nach einer Stunde eine kleine Kuppe, von wo wir ins Helltal hinabblicken. Ebenso schön ist auch der weitere Ausblick ins Höhlensteintal Richtung Norden. Wir passieren einen kleinen Tunnel sowie eine schmale Brücke und stoßen nach kurzer, leichter Wanderung auf den Weg, der direkt aus dem Helltal bergwärts führt. Diesem folgen wir. Der Weg wird im Talschluß immer steiler, wir stoßen auch vermehrt auf Spuren aus dem Ersten Weltkrieg. In einer Rechtsbiegung zweigt linksseitig der Weg zu den Strudelköpfen ab (Gipfelanstieg 1 Std., Abstieg über die Strudelalpe empfehlenswert). Wir bleiben jedoch auf unserem Weg, der nun abwärts führt. Auf einem Fahrweg geht es hinab zur Dürrensteinhütte. Nach ausgiebiger Rast steigen wir zuerst über die Straße in südlicher Richtung, dann weiter auf Weg 37 nach Schluderbach ab. Von hier aus können wir einen Wanderweg Richtung Dürrensee nehmen oder per Bus unseren Ausgangspunkt im Höhlensteintal erreichen.

㉞ **Bergtour:** Dürrensee – Monte Piano, 2.321 m – Monte Piana, 2.257 m

Ausgangspunkt: Alpenflorahütte
Parken: Nähe der Hütte
Höhenunterschied: 893 m
Wanderzeit: 4½ Std.
Schwierigkeitsgrad: schwer! Nur für Geübte!
Einkehr: Schluderbach

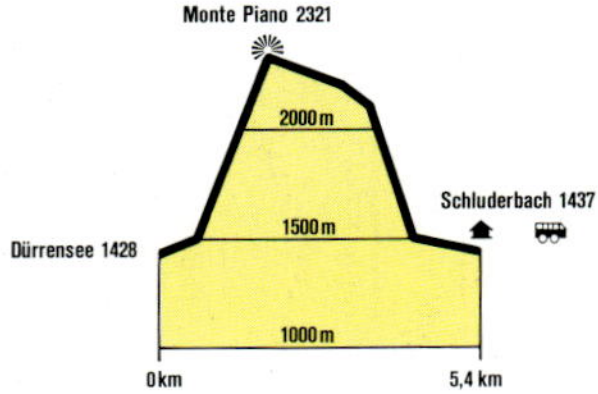

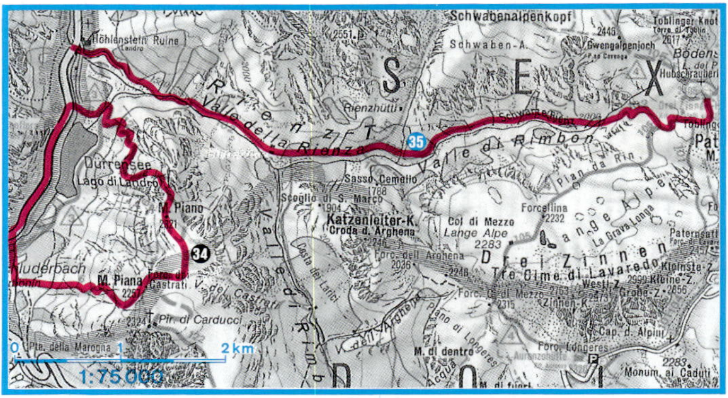

Tourenverlauf: Diese Tour weist zwar keine größeren Gefahrenstellen auf, muß aber wegen ihrer Steilheit zu den schweren Touren gezählt werden. Vom herrlich gelegenen Dürrensee aus kann man bereits ungefähr abschätzen, was auf den Wanderer bei der Besteigung des östlich des Sees gelegenen Monte Piano zukommt. Wir umwandern den See an seiner Nordseite und steigen dort in den Wanderweg Nr. 6 ein, einen alten Militärpfad, der nun an der Nordostseite des Monte Piano zuerst noch mäßig, dann z. T. sehr steil bergauf führt. Um manche schwindelerregenden Höhen herum führt der Weg im Zick-Zack hinauf, der Tiefblick auf den Dürrensee ist prächtig, und ein Dolomitengipfel nach dem anderen taucht in unser Blickfeld. Zahlreiche Spuren aus dem Ersten Weltkrieg säumen, wie häufig in diesem Gebiet, unseren Weg. Nach etwa 2½ Stunden ist der Gipfel erreicht, der uns die Mühe mit herrlichem Rundblick über die Sextener und Ampezzaner Dolomiten, besonders aber auf die südwestlich gelegene Cristallogruppe lohnt. Wir beginnen mit dem Abstieg zuerst südwärts zu der von alten Schützengräben durchzogenen Rinne, die den Monte Piano vom südlich gelegenen Monte Piana trennt. Über den sehr steilen Weg (Nr. 6) steigen wir in westlicher Richtung nach Schluderbach ab, von wo aus wir entweder zu Fuß oder mit dem Bus unseren Ausgangspunkt beim Dürrensee erreichen können.

Blick vom Monte Piana zur Cristallogruppe

35 **Wanderung:** Höhlensteintal – Rienztal – Drei-Zinnen-Hütte, 2.438 m

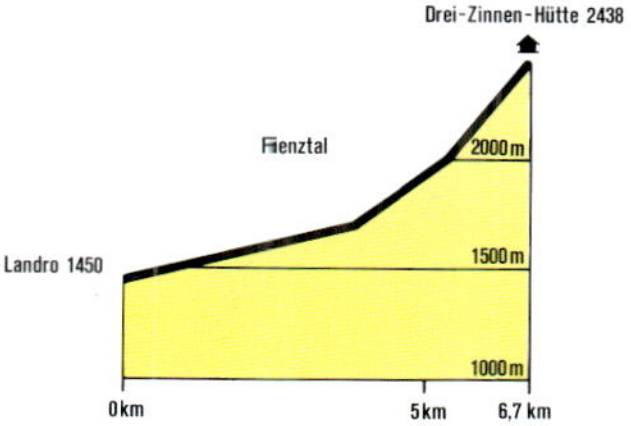

Ausgangspunkt: Höhlensteintal
Parken: Nähe Höhlensteinruine
Höhenunterschied: 1.050 m
Wanderzeit: 3½ Std.
Schwierigkeitsgrad: leicht!
Einkehr: Drei-Zinnen-Hütte
Karte: siehe Seite 68

Tourenverlauf: Unweit der Höhlensteinruine zweigt ostwärts der Wanderweg Nr. 102 von der Straße ab. Diese Tour zu den bekannten Dolomitengipfeln ist all jenen zu empfehlen, die keine allzu starken Steigungen überwinden möchten und vor allem Ruhe suchen, denn das Rienztal läßt nicht ahnen, daß man sich unweit stark frequentierter Alpinregionen befindet. Wir wandern der Schotterstraße entlang taleinwärts. Nach einer Stunde passieren wir den Abzweiger ins Rimbiancotal, welches das Monte-Piano-Massiv von den Drei Zinnen trennt. Wir wandern jedoch taleinwärts Richtung Osten, immer entlang der kleiner und schmäler werdenden Schwarzen Rienz. Nach gut 2¾ Stunden gemütlicher Wanderung wird der Talschluß des Rienztales erreicht. Nun wird der Pfad steiler, doch er ist weiterhin sehr gut begehbar. Über einige Kehren steigen wir in einer guten halben Stunde auf das nordseitig der Drei Zinnen gelegene Plateau. Sammelpunkt zahlreicher Wege in diesem Gebiet, daher auch sehr stark frequentiert, ist die Drei-Zinnen-Hütte. Sie kann als Ausgangspunkt für zahllose Weiterwanderungen benutzt werden (siehe z. B. Tour Nr. 36).

36 **Rundwanderung:** Rund um die Drei Zinnen

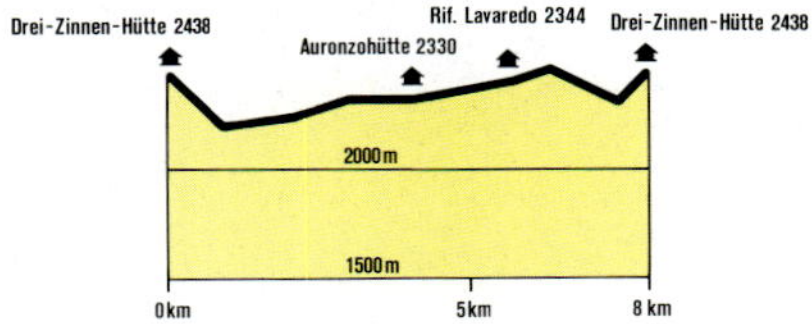

Ausgangspunkt: Drei-Zinnen-Hütte
Höhenunterschied: 230 m
Wanderzeit: 3½ Std.

Schwierigkeitsgrad: leicht!
Einkehr: Drei-Zinnen-Hütte, Auronzohütte, Rif. Lavaredo

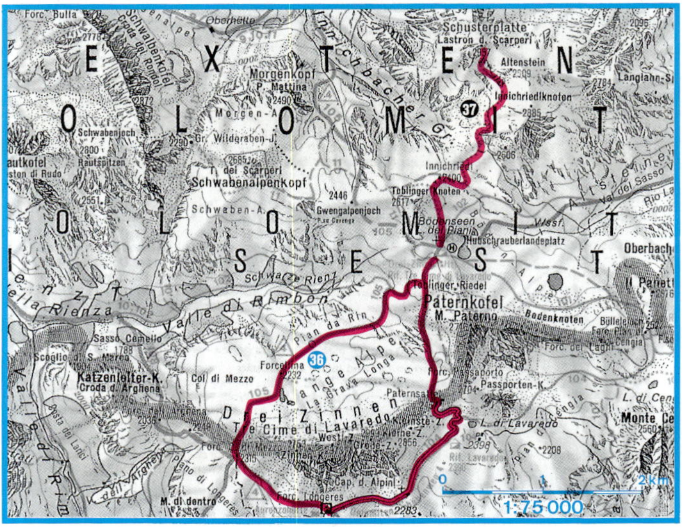

Tourenverlauf: Diese Rundwanderung ist geradezu eine Art Pflichtübung für jeden Bergsteiger und Wanderer, der eine der Hütten um die Drei Zinnen aufsucht. Am häufigsten wird sie natürlich von der mit dem Auto erreichbaren Auronzohütte an der Südseite begonnen, wir wollen jedoch diese Wanderung als mögliche Kombination mit der Wanderung Nr. 35 empfehlen, die uns zur Drei-Zinnen-Hütte führt. Wir steigen von der Drei-Zinnen-Hütte in südwestliche Richtung auf die Hochebene des Rienzbodens, vorbei an den kleinen Seen unterhalb der westlichsten Zinne, heben unseren Blick immer wieder zu den von hier aus ehrfurchteinflößenden Nordwänden, steigen dann weiter über die Forcella di Mezzo leicht abwärts zur Auronzohütte. Von hier aus dann wieder leicht aufwärts über den Weg Nr. 104 zum Rif. Lavaredo, dann weiter über ein paar Kurven zum Paternsattel, dem höchsten Punkt dieser Wanderung. Von hier aus nun immer in nördlicher Richtung entlang der imposanten Westseite des Paternkofels ziemlich eben auf einem der vielen Wege zurück zur Drei-Zinnen-Hütte.

Rast am Paternkofel

37 **Hochtour:** Drei-Zinnen-Hütte – Schusterplatte, 2.957 m

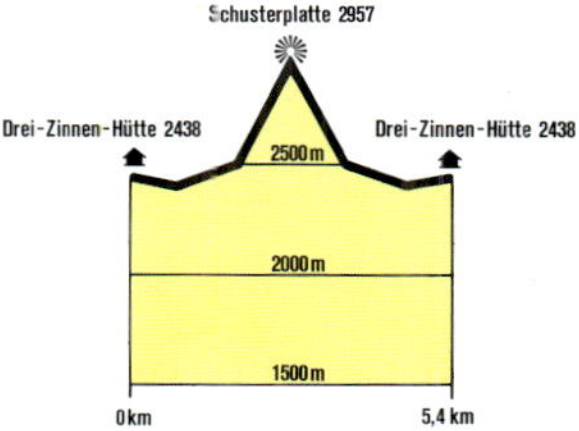

Ausgangspunkt: Drei-Zinnen-Hütte
Höhenunterschied: 519 m
Wanderzeit: 4 Std.
Schwierigkeitsgrad: schwer! Nur für Geübte!
Einkehr: Drei-Zinnen-Hütte
Karte: siehe Seite 70

Tourenverlauf: Die Drei-Zinnen-Hütte ist von verschiedenen Seiten leicht erreichbar. Sollte diese Tour ohne Nächtigung durchgeführt werden, ist am ehesten als Ausgangspunkt die per Auto erreichbare Auronzohütte zu empfehlen, die von der Drei-Zinnen-Hütte 1½ Stunden entfernt liegt. Der Weg auf die Schusterplatte ist gut markiert, beginnt nördlich der Hütte und steigt nach kurzer Zeit leicht an. Wir passieren linker Hand den Toblinger Knoten und steigen unweit des Innichriedls in einen Sattel ab. Wir umwandern eine kleine Erhebung, danach ein Kar. Nun beginnt ein steilerer Anstieg über Serpentinen aufwärts in eine Rinne; hier benötigt man Trittsicherheit. Unter dem Altenstein halten wir uns nun links. Wir durchqueren eine Schlucht und überwinden über z. T. recht schwierig begehbare Trittspuren die letzten Meter zum Gipfel. Die Strapazen des Aufstieges werden durch einen herrlichen Blick auf die Drei-Zinnen-Nordseite belohnt. Ebenso lohnend ist der Tiefblick in das Sexten- und Innerfeldtal. Über den Aufstiegsweg treten wir den Abstieg zur Drei-Zinnen-Hütte an.

38 **Wanderung:** Vierschach – St. Silvester – Innichen

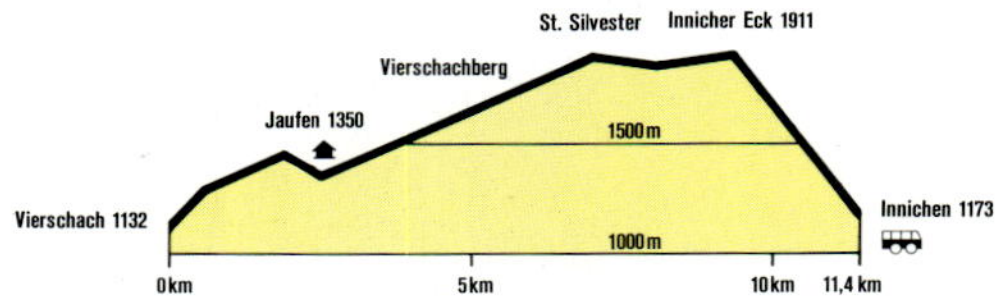

Ausgangspunkt: Vierschach
Parken: Parkplatz Helmbahn
Höhenunterschied: 700 m

Wanderzeit: 6 Std.
Schwierigkeitsgrad: leicht!
Einkehr: Blasterhof, Jaufen

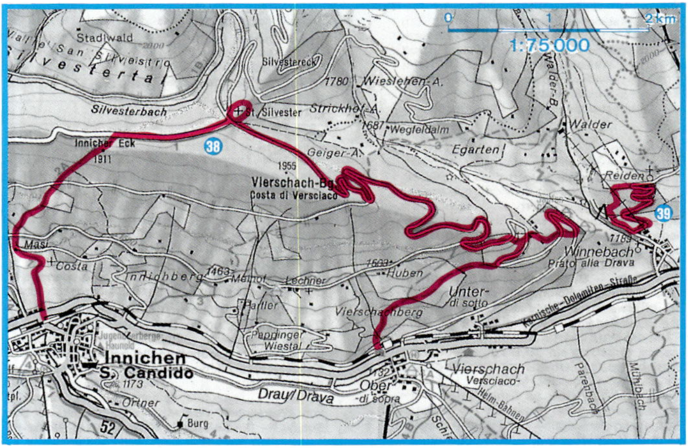

Tourenverlauf: Wir beginnen unsere Wanderung bei der Bahnstation Vierschach. Wir überqueren die Bahnlinie und biegen in den Schotterweg ab, der zuerst zwischen Wiesen, dann im Wald bergwärts führt. Kurz nach der Bachüberquerung halten wir uns bei der Weggabelung geradeaus und erreichen nach kurzer Zeit die Marer Kapelle. Später biegen wir rechts ab, wandern vorbei am Gehöft Hofer und erreichen über den asphaltierten Weg die Jaufen-Höhenstraße. Noch ein paar Minuten, und wir passieren die beiden Berggasthöfe. Wir folgen weiterhin der Höhenstraße, bis wir rechts abzweigend die beschilderte alte Militärstraße Richtung St. Silvester erreichen. In ruhiger Wanderung führt diese nun mäßig bis mittel ansteigend durch den Schattenwald. Am Ende dieser Straße gelangen wir zu einer Ruine eines Militärgebäudes und erblicken bereits am Nordhang die im 12. oder 13. Jh. erbaute Wallfahrtskirche von St. Silvester. Hinter der Ruine führt ein steiler Weg in ca. 10 Minuten zur Kapelle. Von der Ruine aus nehmen wir den Weg, der in westlicher Richtung unter dem Vierschachberg bis zu einer Kuppe leicht aufwärts führt. Dort biegen wir links in den Waldweg (markiert 2 A) ein, der zuerst flach, dann steil durch den Wald – einzelne Querstraßen passierend – nach Innichen führt. Von dort kann mit dem Bus die Rückfahrt angetreten werden.

Edelweiß

39 **Rundwanderung:** Winnebach – Reiden – Winnebach

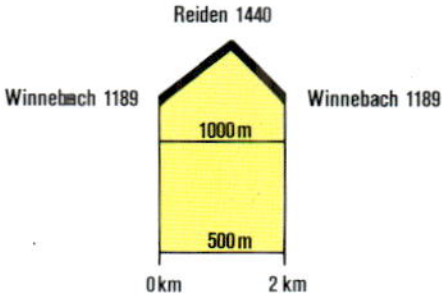

Ausgangspunkt: Winnebach, Hochpustertal
Parken: Tolderhof
Höhenunterschied: 261 m
Wanderzeit: 2 Std.
Schwierigkeitsgrad: leicht!
Einkehr: im Ort
Karte: siehe Seite 72

Tourenverlauf: Am nördlichen Ortsende des Grenzortes zu Österreich beginnen wir unsere Wanderung vorbei an den vereinzelten Gehöften und Häusern. Der Weg windet sich nun über ein paar stärkere Kehren bergwärts, und von Kurve zu Kurve wird der Blick in das Pustertal aussichtsreicher. Unter uns liegt bei der östlichsten Kurve im Tal das Grenzzollamt Arnbach, darüber erhebt sich an der gegenüberliegenden Talseite der Helm, dahinter steigen auch die Sextener Dolomiten empor. Nachdem der Weg einige Male unter Materialseilbahnen hindurchführte, erreichen wir den Weiler Reiden. Unsere Route führt zwischen dem oberen und dem unteren Gehöft hindurch. Bei einer 50 m hinter den Gehöften liegenden Gabelung nehmen wir den linken, talwärts führenden Weg.
Über Wiesen- und Feldwege wandern wir talwärts bis wir wieder auf unseren Aufstiegsweg stoßen. Auf ihm geht es zum Tolderhof.

40 **Rundwanderung:** Mitterberg/Sexten – Helm, 2.433 m – Hornischeck, 2.551 m – Mitterberg

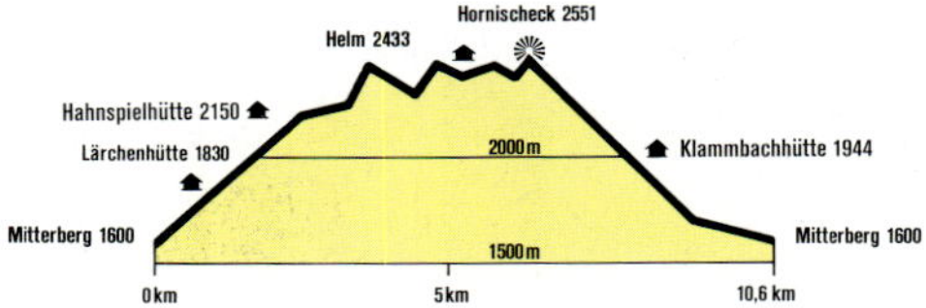

Ausgangspunkt: Mitterberg
Parken: GH Panorama
Höhenunterschied: 1.000 m

Wanderzeit: 7 Std.
Schwierigkeitsgrad: mittel!
Einkehr: mehrere Möglichkeiten an der Strecke

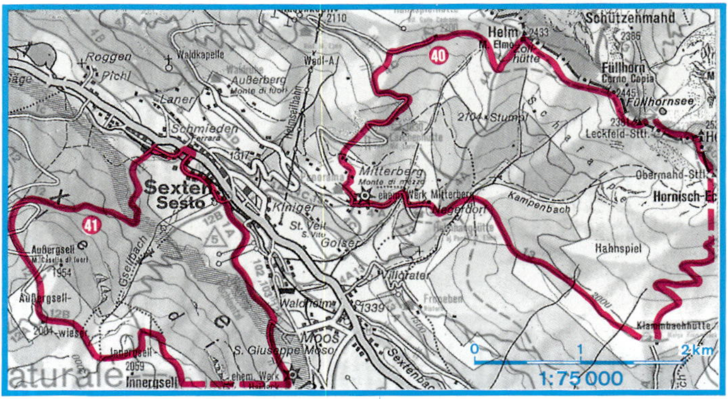

Tourenverlauf: Diese Tour wäre zwar von ihrem Verlauf her als eher »leicht« einzustufen; ihrer Länge wegen ist etwas Bergerfahrung aber doch Voraussetzung. (Wählt man Sexten als Ausgangspunkt, verkürzt sich der Aufstieg durch die Helmseilbahn.) Die hier vorgeschlagene Tour beginnen wir auf dem Fahrweg – markiert »4 C« –, der in einigen Kehren und über Abkürzungen zur Hahnspielhütte führt. Von hier aus zieht ein leicht begehbarer Weg in etwa ¾ Stunden zum 2.433 m hohen Gipfel, einem Aussichtsberg am westlichen Ausläufer der Karnischen Alpen, der jedoch ein wunderbares Rundblickpanorama von den Dolomiten bis zur Glocknergruppe bietet. Wir befinden uns dicht an der österreichischen Grenze, folgen dem Weg südöstlich unter dem Grat und wandern über den begrünten Hang des Füllhorns weiter zur Sillianer Hütte. Nun beginnt wiederum ein leichter Anstieg auf den Hochgruben, darauf ein kurzer Abstieg zum Obermahdsattel und von hier ca. 10 Minuten ansteigend zum 2.551 m hohen Hornischeck, dem höchsten Punkt unserer Wanderung. Nun steigen wir in südwestlicher Richtung ab zur Klammbachhütte, danach halten wir uns nordwärts auf dem Weg Nr. 13 zur Helmhanghütte. Von hier aus dann weiter über Forstwege (Nr. 4 A) zu unserem Ausgangspunkt, entweder am Mitterberg oder bei der Seilbahntalstation.

Helm gegen Rotwandspitze und Elferkofel

41 **Rundwanderung:** Sexten — Außergsell — Innergsell — Moos — Sexten

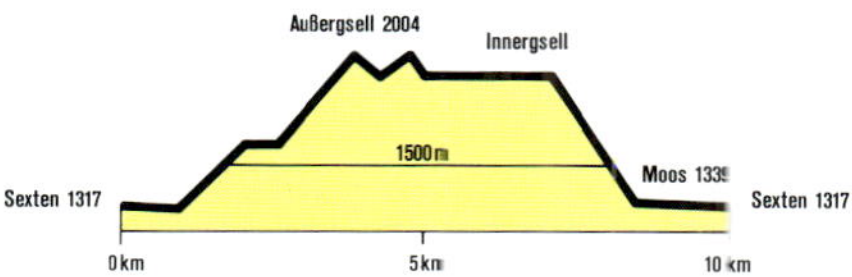

Ausgangspunkt: Sexten
Parken: im Dorf
Höhenunterschied: 732 m

Wanderzeit: 5½ Std.
Schwierigkeitsgrad: mittel!
Einkehr: in Sexten
Karte: siehe Seite 74

Tourenverlauf: Wir benützen die Sextentalstraße talauswärts Richtung Schmieden, biegen bei der Beschilderung in den Weg 12 C links über den Sextenbach ab und wandern über einen gut begehbaren, aber teilweise etwas steilen Waldsteig aufwärts. Wir kreuzen einige Male eine schmale Forststraße und erreichen so nach 2 Stunden die Anhöhen der Außergsellwiesen, die der imposanten, im Süden gelegenen Dreischusterspitze vorgelagert sind. Nun wandern wir weiter durch eine Senke in nicht ganz einer Stunde zu den Innergsellwiesen, die uns Blicke ins Fischleintal und auf die Rotwandköpfe gewähren. Wir folgen dem Weg Nr. 12, der jetzt am Nordosthang der Dreischusterspitze steiler werdend in Richtung Fischleintal führt. Wir überqueren einen kleinen Bach, wandern durch ein Waldstück und stoßen dann auf einen Höhenweg, auf den wir links einbiegen (Nr. 1 A). Vorbei an den Vorgeschichtlichen Funden treten wir den Rückweg nach Sexten an.

⓬ **Hochtour:** Bad Moos – Rotwandwiesenhütte – Rotwandspitze, 2.965 m

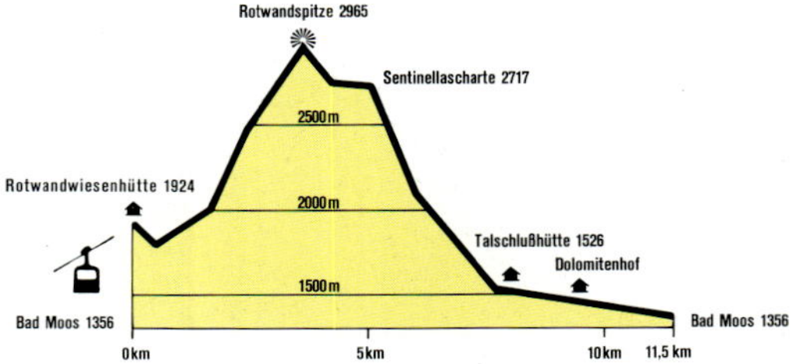

Ausgangspunkt: Bad Moos bei Sexten
Parken: Talstation der Seilbahn
Höhenunterschied: 1.609 m

Wanderzeit: 6 Std.
Schwierigkeitsgrad: schwer! Nur für Geübte!
Einkehr: Rotwandwiesenhütte, Talschlußhütte

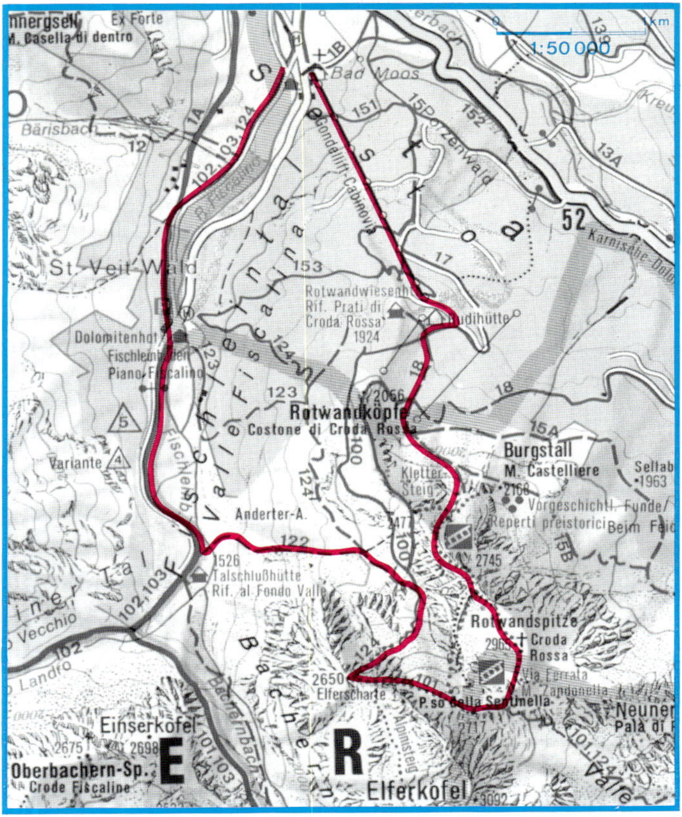

Rotwandwiesen

Tourenverlauf: Um eines gleich vorwegzunehmen: Diese Tour gehört zwar zu den schwierigsten, aber auch zu den schönsten Touren, die in diesem Buch enthalten sind. Wir beginnen mit einer Auffahrt mit der Rotwandbahn. Von der Bergstation bzw. der Rotwandwiesenhütte, einem beliebten Ausflugsziel, begeben wir uns vorerst auf den Weg Nr. 18, der über die herrlichen Hochflächen der Rotwandwiesen führt. Auf der Höhe der Bergstation eines Schleppliftes biegen wir rechts in den Weg zum Burgstall ein. Bis hierher würde von der Rotwandwiesenhütte auch ein kürzerer, doch wesentlich beschwerlicherer Weg (z. T. bereits Klettersteig) führen (dieser beginnt bei den Rotwandköpfen, Wegweiser beim Restaurant Zur Rudihütte und überquert mit Drahtseilen und Leitern einen Felsaufschwung)! Nach dem Burgstall beginnt ein gut gesicherter Klettersteig zur 2.965 m hohen Rotwandspitze, der entsprechendes Schuhwerk, Trittsicherheit und Schwindelfreiheit erfordert. Der Steig führt übrigens an zahlreichen Zeugen aus dem 1. Weltkrieg vorbei. Nach etwa drei Stunden wird der Gipfel erreicht. Als Lohn für die Strapazen bietet sich uns eine herrliche Aussicht auf zahlreiche Gipfel der Sextner und Ampezzaner Dolomiten. Für den Abstieg benutzen wir den Weg in südwestlicher Richtung zur Sentinellascharte. Weiter nördlich über den zeitweise schneebedeckten Steig 124, später westlich (Weg Nr. 122) über das Kar zur Talschlußhütte im Fischleintal, von wo aus der Rückweg entlang der Straße nach Bad Moos angetreten werden kann.

❹❸ **Rundwanderung:** Fischleintal — Zsigmondyhütte — Drei-Zinnen-Hütte — Fischleintal

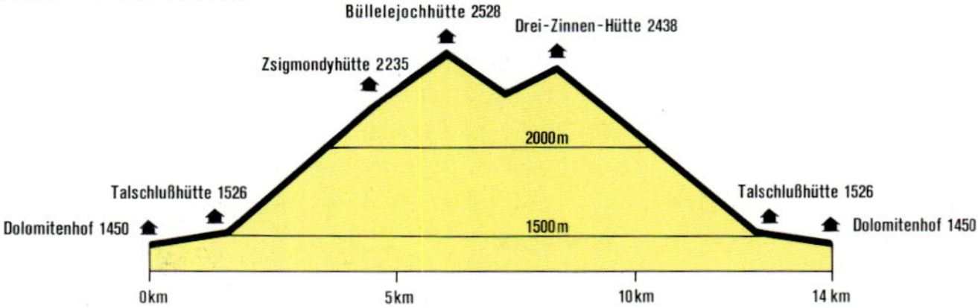

Ausgangspunkt: Dolomitenhof
Parken: Umgebung des Dolomitenhofes
Höhenunterschied: 996 m

Wanderzeit: 6 Std.
Schwierigkeitsgrad: mittel!
Einkehr: vier Hütten an der Strecke

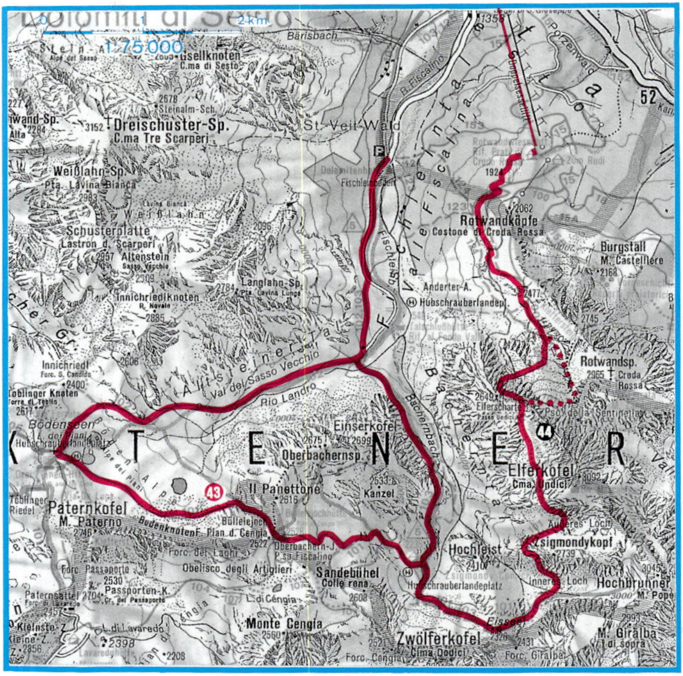

Tourenverlauf: Inmitten einer imposanten Umgebung beginnt diese sehr schöne Tour, die uns zu den bekanntesten Ausgangspunkten für Extremtouren in den Sextner Dolomiten führt. Von der Talschlußhütte wandern wir der Verlängerung des Fahrweges taleinwärts nach, bis wir zuerst zum Weg Nr. 102, später links abzweigend auf den Weg Nr. 103 gelangen. Dieser führt uns stark ansteigend am felsigen Fuß des Einserkofels taleinwärts hinauf zur herrlich unter dem über 3.000 m hohen Zwölferkofel gelegenen Zsigmondyhütte. Nach erholsamer Rast wenden wir uns nun dem westwärts führenden Steig Nr. 101 zu, der uns in einer Stunde zur Büllelejochhütte führt. Die Umgebung dieser Hütte ist ein wahres »Weltkriegsmuseum«. Zahlreiche Stellungen aus dem Ersten Weltkrieg befinden sich in Hüttennähe. Dies gilt vor allem für die Steige zur Oberbachernspitze sowie über den Paternkofel. Gesäumt von solchen Zeugen der Vergangenheit wird auch unser weiterer Weg Nr. 101 hinab zur Drei-Zinnen-Hütte, wo wohl einer der schönsten Aussichtsplätze auf das Dolomitenwahrzeichen, die Drei Zinnen, vorzufinden ist. Über einen leicht begehbaren Weg (Nr. 102) treten wir von hier aus die Rückwanderung durch das Altsteiner Tal zu unserem Ausgangspunkt an.

44 **Bergtour:** Zsigmondyhütte – Alpinisteig – Elferscharte, 2.649 m – Rotwandwiesen – Sexten

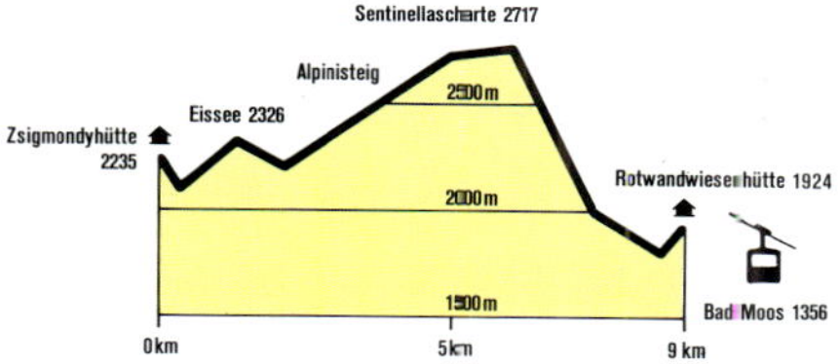

Ausgangspunkt: Zsigmondyhütte (Tour 43)
Höhenunterschied: Aufstieg 500 m, Abstieg 1.300 m (ohne Seilbahn)
Wanderzeit: 5½ Std.

Schwierigkeitsgrad: nur für Geübte!
Einkehr: Zsigmondyhütte, Rotwandwiesenhütte, Zum Rudi
Karte: siehe Seite 78

Tourenverlauf: Wie bei Tour 43 beschrieben, erreicht man die Zsigmondyhütte, von der diese Tour am Alpinisteig abgeht. Wegen seiner Exponiertheit sollte er nur bei sichersten Verhältnissen im Spätsommer begangen werden (Trittsicherheit erforderlich). Der Aufstieg beginnt südlich der Hütte auf dem mit 103 markierten Pfad. Er windet sich am Zwölferkofel entlang und mündet unterhalb des Giralbajochs in den Weg 101. Am Eissee vorbei geht es durch eine Schlucht und daraufhin bequemer durch das Innere Loch. Nun folgt der interessanteste Abschnitt, und Fotofreunde werden dies sicher festhalten wollen. Das Äußere Loch durchzieht ein schotteriger Weg, der verfallene Kriegsbauten tangiert. Bei der Abzweigung zum Sentinellapaß (2¼ Std. ab Hütte) halten wir uns links. (Für den Übergang zur Sentinellascharte sind – je nach Verhältnissen – Steigeisen von Vorteil.) Daher klettern wir über gesicherten Fels zur Elferscharte ab. Von dieser geht es zunächst Richtung Bacherntal, ehe der Steig sich ostwärts wendet und durch Schutt abwärts zieht. Über Geröll marschieren wir an alten Befestigungsbauten vorbei, bis wir auf die Wegspinne (Abzweigung Talschlußhütte, Rotwandwiesen) stoßen. Am breiten Rücken, der zusehends bewachsener wird, erreichen wir die Rotwandwiesenhütte und den Sessellift, der uns den Abstieg nach Bad Moos um einiges erleichtert.

Tauferer - Ahrntal

Tauferer Tal – Ahrntal

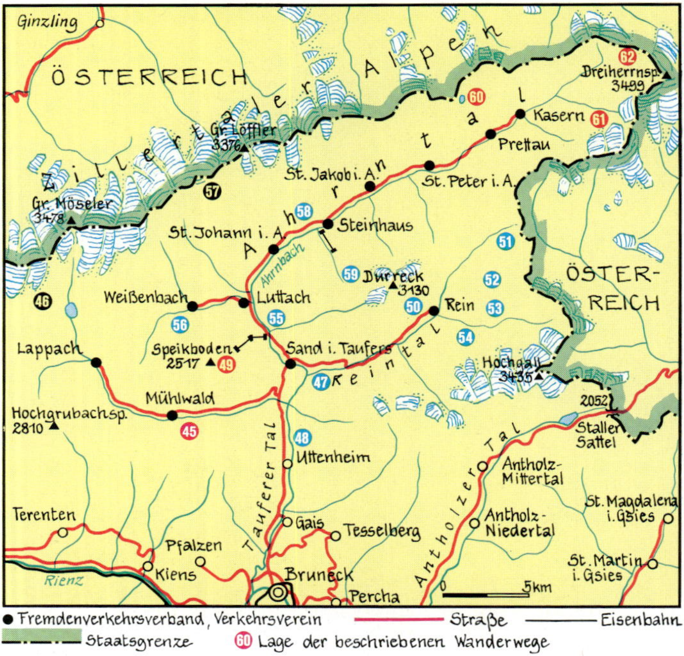

Ortsbeschreibungen:

AHRNTAL

Gemeinde, Provinz Bozen, Einwohnerzahl: 5250, Seehöhe: 962-1.400 m, Postleitzahl: I-39030. **Auskunft:** Tourismusverein Ahrntal-Luttach-Weißenbach und Tourismusverein St. Johann. **Bahnstation:** Bruneck (27 km von Steinhaus). Busverbindung mit Sand in Taufers und Bruneck. **Bergbahnen:** Speikboden: Sessel- und Schlepplifte; Klausberg: Gondelbahn und Sessellifte.

Sehenswert

Luttach: Pfarrkirche hl. Sebastian, spätgotischer Bau (1445) mit neugotischer Einrichtung; Pietà und Wandgemälde aus dem 16. Jh.; Schutzmantelmadonna von 1649. **Weißenbach: Pfarrkirche hl. Jakob** (1479), 1959 erweitert. Altar (1516), Glasfenster von J. Widmoser, an der Außenwand Christophorus (16. Jh.). Im Chor Fresken von F. Pacher (?).

St. Martin: alte Pfarrkirche von Bartlme Viertaler Anfang des 16. Jahrhunderts erbaut, 1783 geschlossen, im 19. Jahrhundert wiederhergestellt; Gedenkstein der Stifter H. Pfarrkircher und H. Schüssler von Silvester Huber, 1580; Kanzel, Anfang des 16. Jahrhunderts.

St. Johann: Pfarrkirche, Ende des 18. Jahrhunderts, frühklassizistischer Bau; Deckengemälde, ein Hauptwerk Josef Schöpfs, 1786, von ihm auch die Bilder an den Altären Jakob Santers und ein Porträt des Pfarrers Franz Wierer in der Sakristei. – **Mühlegg,** edelsitzartiger Bau, Sitz des ehemaligen Berggerichtes, über der Tür die Jahreszahl 1586.

St. Jakob: spätgotische **Pfarrkirche,** erbaut um 1500, im 18. Jahrhundert erweitert und umgestaltet, im 19. Jahrhundert wieder gotisiert; Kreuzweg, 18. Jahrhundert; Friedhofskapelle mit Wandgemälderesten aus dem 16. Jahrhundert; im Obergeschoß Holzkruzifix aus dem 17. Jahrhundert.

St. Peter in Ahrn

St. Peter: malerisch gelegene **Pfarrkirche,** um 1600 an den älteren Turm angebaut; Opferstock von 1616; Glocke von 1493; Einrichtung neugotisch.

Steinhaus: Pfarrkirche, um 1700 erbaut anstelle einer 1649 errichteten **Loretokapelle.** – **Gasegg,** herrschaftlicher Bau mit einer Sammlung bergwerkskundlicher Gegenstände. – **Faktorhaus** (15. Jh.) mit Wandgemälden der Brixner Schule (1500) und Bergbaugemälden im 2. Stock (um 1700). – Schnitzstuben. – Klöppelreien. – Bauernmalerei. – Mineraliensammlung. – Schwarzenbach- und Frankbachwasserfall.

MÜHLWALD

Gemeinde, Provinz Bozen, Einwohnerzahl: 1450, Seehöhe: 862 m, Postleitzahl: I-39030. **Auskunft:** Tourismusverein Mühlwald und Tourismusverein Lappach. **Bahnstation:** Bruneck (13 km). Busverbindung mit Lappach, Sand in Taufers und Bruneck.

Der Fremdenverkehrsort Mühlen liegt am südlichen Rand des Tauferer Bodens, direkt am Eingang zum Mühlwalder Tal. Dieses zieht vorerst in westlicher, ab Auer in nördlicher Richtung gut 20 Kilometer bis zum Nevesstausee, 1.856 m. Hauptort des Tales ist Mühlwald, am gleichnamigen See gelegen. Der weite Talboden wird von Bergen bis 2.500 m Höhe gesäumt, von denen die meisten als »Nock« bezeichnet werden.

Sehenswert

Die **Kirche zur hl. Katharina** in Mühlen stammt aus dem Jahr 1399 und wurde 1510 und 1970 erweitert bzw. renoviert. Besonderes Interesse gebührt den Holzskulpturen von 1500. Das Hochaltarbild ist ein Werk A. Winklers (19. Jh.). – Die **Pfarrkirche** in **Lappach** wurde aus Steinen eines seit 1480 bestehenden Gotteshauses 1815 errichtet. Altarbilder von A. Winkler. – Spätbarocke **Pfarrkirche zur hl. Gertraud** (1834) in **Mühlwald** mit spätgotischem Turm.

PRETTAU

Gemeinde, Provinz Bozen, Einwohnerzahl: 650, Seehöhe: 1.476 m, Postleitzahl: I-39030. **Auskunft:** Tourismusverein Prettau. **Bahnstation:** Bruneck (ca. 40 km). Busverbindung mit Sand in Taufers und Bruneck.

Seit dem Spätmittelalter wurde am Knappenberg bei Kasern Kupfer gewonnen. Im 15. Jahrhundert war der Abbau so bedeutend, daß die Schwazer Knappen sich 1479 über die scharfe Konkurrenz beklagten und sogar eine zeitweilige Einstellung des Ahrner Bergbaues erreichten. Im 17. Jahrhundert, als die wirtschaftliche Lage des Bergwerkes sich ständig verschlechterte, brachten die Fugger als Gläubiger der Tiroler Gewerke zur Steigerung des Ertrages fremde Knappen in das Ahrntal, was zu Unruhen und zu blutigen Fehden zwischen diesen und den Einheimischen führte. Ende des 19. Jahrhunderts wurde die Erzgewinnung eingestellt und von 1959–1971 in bescheidenem Umfang wieder aufgenommen. Das Erz wurde an Ort und Stelle aufbereitet und gereinigt.

Sehenswert

Spätgotische **Pfarrkirche,** erbaut 1524; Westjoch mit Tonnengewölbe später hinzugefügt; neugotische Einrichtung: Hochaltarbild von Franz Unterberger, 18. Jahrhundert; Votivbild, an die Anlage des St.-Ignatius-Stollens erinnernd, der Überlieferung nach von Josef Schöpf; Glocke um 1400. – **Heilig-Geist-Kirche** in **Kasern.** Beide Kirchen wurden von Bartlme Viertaler, einem bedeutenden Vertreter der späten Gotik gebaut, für dessen Bauweise die Umwandlung der Rippenkonstruktion in ein rein dekoratives Rankenwerk kennzeichnend ist. – **Klöppeln.** – **Schnitzereien**.

SAND IN TAUFERS

Gemeinde, Provinz Bozen, Einwohnerzahl: 4450, Seehöhe: 865 m, Postleitzahl: I-39032. **Auskunft:** Tourismusverein Sand in Taufers. **Bahnstation:** Bruneck (15 km). Busverbindung mit Bruneck, Rein und Mühlwald und in das Ahrntal.

Bergbahnen: Speikboden: Sessel- und Schlepplifte; Klausberg: Gondelbahn und Sessellifte.

Der Tauferer Boden, ein Talkessel 13 Kilometer nördlich von Bruneck, zwischen Mühlwalder-, Tauferer-, Ahrn- und Reintal wurde bereits um das Jahr 1000 in Urkunden genannt und wird schon damals der Talschaft Pustertal zugezählt. In jener Zeit führten Saumwege über die Birnlücke und so manches eisfreie Joch, die von Handelsleuten am Weg nach Süden (oder Norden) bereist wurden. Um 1300 wird eine Herrschaft »ze Tauvers« genannt,

die den Bau einer Burg beabsichtigt. Die Burg wurde auch Lehen der Brixener Bischöfe. Mehrmals als Lehen gegeben und verpfändet, kam die Burg im 16. Jahrhundert an die Fieger (sie errichteten Neumelans), später an die Herren von Rodenegg (1603—1647) und bis 1810 an die Grafen Ferrari.
Interessant ist die Aufteilung des Grundbesitzes: So treiben auch heute noch Ahrntaler Bauern ihre Tiere in den Zillergrund. Während des 15. und 19. Jh.s lebte ein Großteil der Bevölkerung vom Kupferbergbau, der bisweilen auch den Schwazer Knappen Konkurrenz machte.
Zur Gemeinde Sand in Taufers zählt auch das **Reintal**, welches auf der kurvenreichen, erst anfangs der 80er Jahre lawinensicher verbauten, Straße erreicht werden kann.

Sehenswert

In Taufers: Die **Kirche Mariä Himmelfahrt,** zwischen Mühlen und Sand gelegen, ist in den Grundzügen ein romanischer Bau (1240), der 1527 von A. Winkler aus Pfalzen gänzlich erneuert wurde. Beachtenswert ist das Netzgewölbe im Chor. Friedhofskapelle und Ahrnbergkapelle. — Der **Ansitz Neumelans** (1582) wurde nach dem Gewerkengeschlecht der Fieger aus Melans (bei Hall in Nordtirol) benannt. — Zu den am besten erhaltenen Burgen Tirols zählt zweifellos das **Schloß Taufers.** Die **Koflruine** am Eingang des Reintals (nahe dem Toblhof) war der Ansitz der 1130 genannten Edlen von Taufers, die 1250 den Neubau des Schlosses Taufers bezogen. Aus dieser Zeit stehen heute noch die Burgkapelle (mit romanischem Kruzifix), der Bergfried und der breite Wohnturm. Das Geschlecht der Bauherren starb schon 90 Jahre später, 1340, aus. Der Besitz wurde nun den Tiroler Landesfürsten übertragen. 1485 wird vom Brixener Bischof Golser berichtet, der Wehrgänge, Zugbrücken, Tore und Rondelle neu ausführen ließ. So lenkten verschiedene Adeligengeschlechter die Geschicke der Burg, u. a. auch die aus Hall i. T. zugezogenen Fieger, die 1603 den heute noch erhaltenen »Kasten« in einen Wohntrakt umgestalteten und im Südwesten ebenfalls ein Wohnhaus anbauten. 1862 wurde das Schloß, nun in privater Hand, renoviert. Betritt man als Besucher den Burghof, so fühlt man sich sogleich von einem Hauch Ritterromantik umgeben. Dieses Gefühl verstärkt sich, betritt man bei der Führung einige der 64 Räumlichkeiten, von denen jede ihre Vorzüge hat. Hier reihen sich barocke Einrichtungen, getäfelte Wände und Decken, reichverziertes Mobiliar (Zinn, Glasgemälde, Ikonen u. a.) aneinander. Der venezianische Kronleuchter im Gerichtssaal wetteifert mit dem reich getäfelten Fürstenzimmer im 1. Stock. Die Waffenhalle gibt beredtes Zeugnis längst vergangener Epochen. Der Höhepunkt der Besichtigung ist allerdings die Bibliothek, mit dem kunstvollen Ofen (Motive aus den Türkenkriegen) und der barock gehaltenen Decke. An der Wand der Burgkapelle beachte man die freigelegten Fresken aus der Zeit um 1480, die dem Künstlerkreis um Michael Pacher zugeschrieben werden. Museum bei der Pfarrkirche von Taufers. Die Besichtigungszeiten für das **Schloß** und das **Pfarrmuseum** erfahren Sie unter folgender Telefonnummer 0474/67 85 43 (Herr Rieder).
In Rein: Pfarrkirche zum **hl. Wolfgang** aus dem Jahr 1911 mit spätgotischem Turm.

45 **Rundwanderung:** Mühlwald – Kaseralm – Wengsee – Wengalm – Mühlwald

Ausgangspunkt: Mühlwald
Parken: beim Rathaus
Höhenunterschied: 661 m
Wanderzeit: 5 Std.
Schwierigkeitsgrad: mittel!

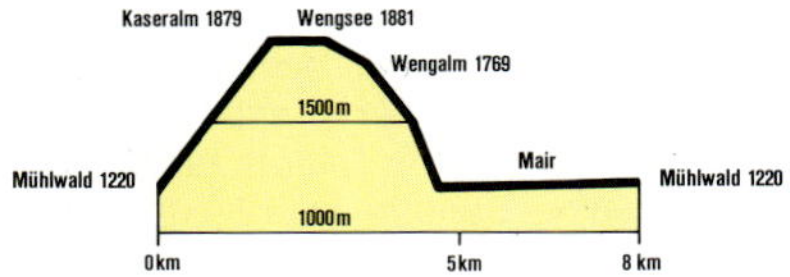

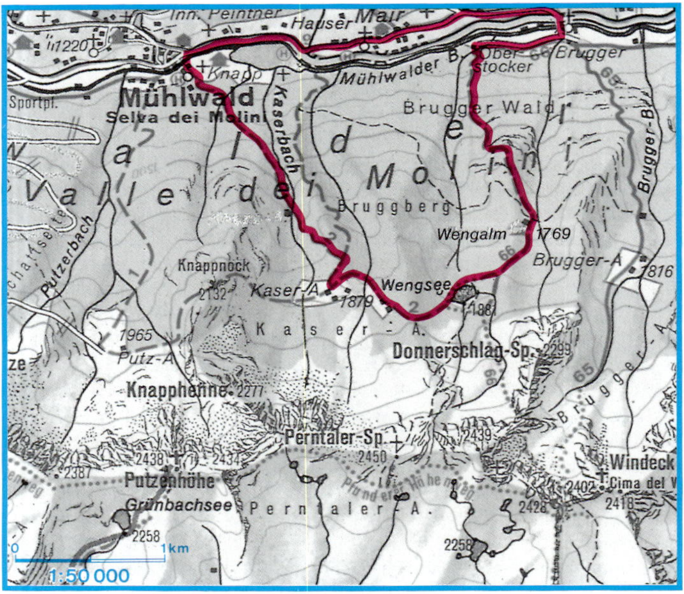

Tourenverlauf: Von Mühlwald aus benutzen wir den Wanderweg (ohne Kennzeichnung), der in südöstlicher Richtung zur Donnerschlagspitze führt. Der Waldsteig führt ziemlich steil, aber gut begehbar bergan. Nach insgesamt 1½ Stunden kommen wir zur Kaseralm. Von hier ist der Weg mit Nr. 2 markiert. Er führt östlich leicht steigend zum Wengsee, einem sehr schön gelegenen Bergsee, der nun ziemlich dicht unter der Donnerschlagspitze liegt. Wir wandern nun weiter dem Weg 66 entlang zur Wengalm (1.769 m). Kaser- und Wengalm sind nicht bewirtschaftet! Von der Wengalm steigen wir nördlich auf einem steilen Waldweg durch den Brugger Wald ab und kommen zum Oberstockerhof, von dem ein Fahrweg bis zum Talboden des Mühlwalder Tals führt. Beim Bruggerhof überqueren wir den Mühlwalder Bach und folgen diesem zum Ausgangspunkt.

46 **Bergtour:** Nevesstausee – Nevesalm – Nevesjochhütte, 2.420 m – Eisbruggjochhütte, 2.545 m – Nevesstausee

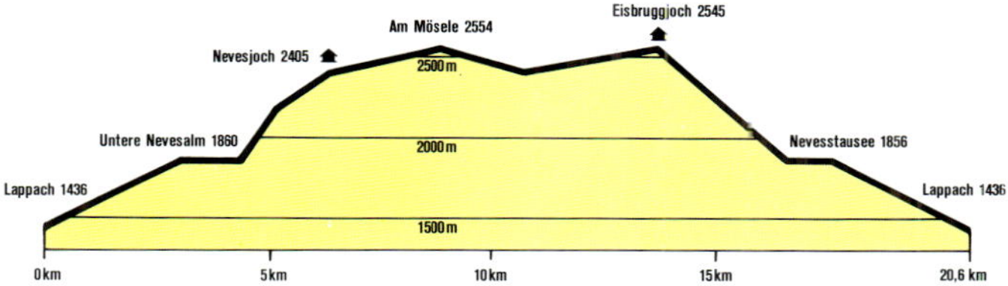

Ausgangspunkt: Lappach
Parken: beim Stausee
Höhenunterschied: ca. 750 m
Wanderzeit: 8 Std.

Schwierigkeitsgrad: schwierig! Nur für Geübte!
Einkehr: Nevesjochhütte, Eisbruggjochhütte

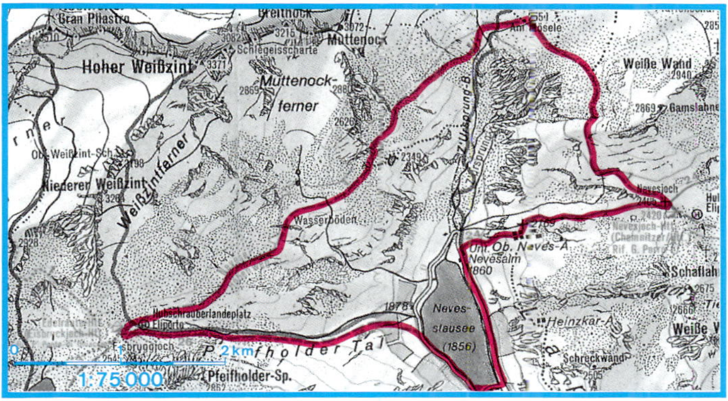

Tourenverlauf: Zum Nevesstausee führt eine schmale, gut asphaltierte Straße, die von sehr vielen Autos und von einem Kleinbus ab Luttach befahren wird. Ansonsten steigen wir diesen Fahrweg von Lappach nordwärts hinauf und erreichen nach etwa einer Stunde die Staumauer des Stausees, herrlich eingefügt in die Gebirgslandschaft. Wir wandern dem Ostufer entlang nach Norden und kommen zum Ende des Fahrweges an der Unteren Nevesalm. Hier biegen wir rechts ab und wandern nur etwas steiler ansteigend über den Weg Nr. 24 zur Oberen Nevesalm, danach weiter ostwärts zur Nevesjochhütte. Nach erholsamer Rast setzen wir den Weg (Markierung »1«) nordwestlich der Hütte fort. Wir befinden uns jetzt im schönsten Teil dieser Rundtour, dem Höhenweg, der in einem großen Bogen den Talschluß durchquert. Nach mehr als 3½ – 4 Stunden Wanderung auf dem Höhenweg unter den Gletschern des Großen Möseler und des Weißzint erreichen wir als zweite Einkehrstation, die herrlich gelegene Eisbruggjochhütte. Wir finden jedenfalls, daß sich die Anstrengungen des Weges lohnen und steigen nun einen relativ bequemen Bergpfad abwärts ins Pfeifholder Tal (Markierung Nr. 26). Nach weiteren 2 Stunden stehen wir am Nevesstausee und wandern über unseren Hinweg wieder zurück nach Lappach.

47 **Wanderung:** Sand in Taufers – Reinbach-Wasserfälle

Ausgangspunkt: Sand in Taufers
Parken: Ortsmitte
Höhenunterschied: 250 m
Wanderzeit: 3 Std.
Schwierigkeitsgrad: leicht!
Einkehr: Toblhof

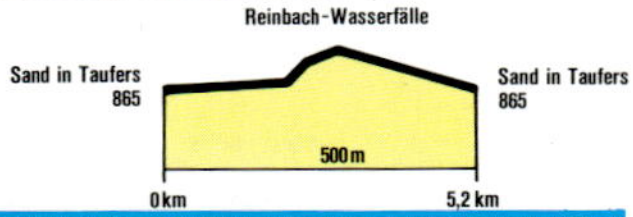

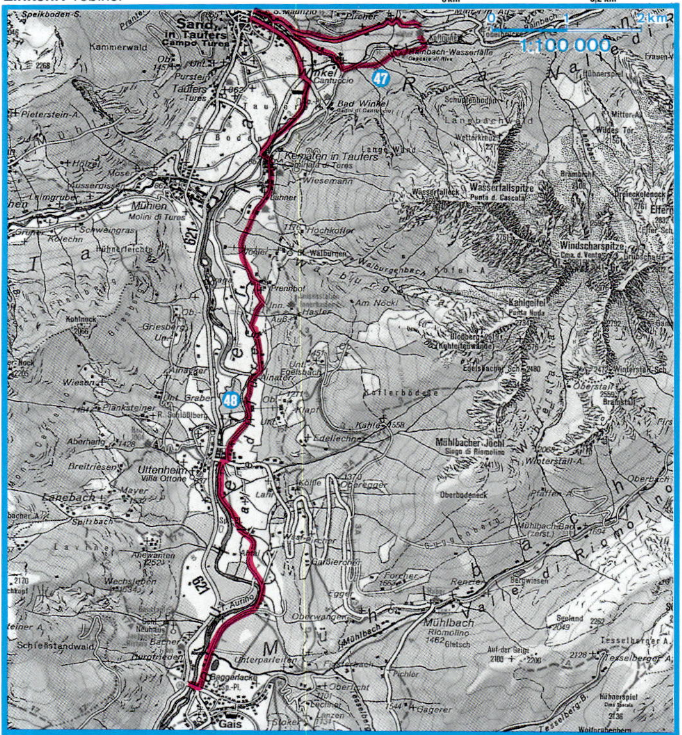

Tourenverlauf: Vom Ortszentrum Sand in Taufers aus überqueren wir den Ahrnbach bei St. Moritzen und halten uns an diesen. Etwas außerhalb des Ortes, bei einer Weggabelung, bleiben wir rechts am Bach und befinden uns nun auf dem Weg Nr. 2, der südöstlich zum kleinen Weiler Winkel im Tauferer Boden führt. Wir überqueren den Reinbach und kommen kurz danach zu einer kleinen Kreuzung, die wir schräg überqueren und danach den Weg 2 taleinwärts zum 10 m hohen Wasserfall fortsetzen. Der Serpentinenweg ist durch ein Geländer abgesichert. Nach kurzer Zeit wird der zweite, wesentlich höhere Wasserfall erreicht. Wir queren die Reinbachschlucht über eine hohe Brücke und erreichen den interessantesten Wasserfall, der über 40 m herabstürzt. Über den Toblhof kehren wir nach Sand zurück. Den Rückweg treten wir entlang der vom Toblhof nach Sand führenden Straße an.

Schloß Taufers

48 **Talwanderung:** Sand in Taufers – Kematen – Uttenheim – Gais

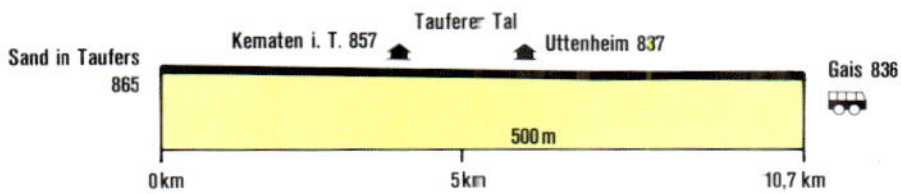

Ausgangspunkt: Sand in Taufers
Parken: Nähe Feuerwehrhaus
Höhenunterschied: 30 m
Wanderzeit: 3 Std.
Schwierigkeitsgrad: leicht!
Einkehr: mehrere Möglichkeiten an der Strecke
Karte: siehe Seite 88

Tourenverlauf: Vom Feuerwehrhaus Sand ausgehend, verlassen wir südwärts durch die Dr.-Daimer-Straße den Ort. Beim Schwimmbad halten wir uns links und erreichen Bad Winkel. Hier wandern wir weiter der Asphaltstraße entlang nach Südwesten und kommen nach kurzer Zeit nach Kematen. Wir durchqueren den Ort, biegen kurz vor der Ahrnbrücke nach links ein und wandern am Ostufer der Ahrn südwärts durch das immer breiter werdende Tauferer Tal. Bei der Beschilderung Prennhof halten wir uns geradeaus; der Weg geht dann kurze Zeit später in eine Schotterstraße über. Über z. T. recht kurvenreichen Weg entlang des Baches kommen wir nach Uttenheim. Bei der ersten Ortskreuzung biegen wir nach rechts, kurz vor der Ahrnbrücke wiederum nach links und folgen dem südwärts führenden Weg entlang dem Fluß. Nach gemütlicher Wanderung kommen wir dann nach Gais, wo wir die Brücke über den Bach benutzen und an der Hauptstraße auf die Rückfahrt mit dem Bus warten.

49 **Bergtour:** Sand in Taufers – Michlreiseralm – Speikboden, 2.517 m

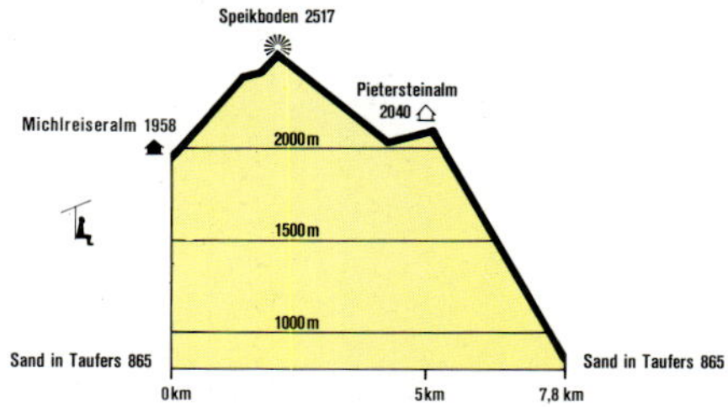

Ausgangspunkt: Sand in Taufers
Parken: Parkplatz Speikbodenbahn
Höhenunterschied: 1.652 m

Wanderzeit: 6 Std.
Schwierigkeitsgrad: mittel!
Einkehr: Tal-, Mittel- oder Bergstation der Seilbahn

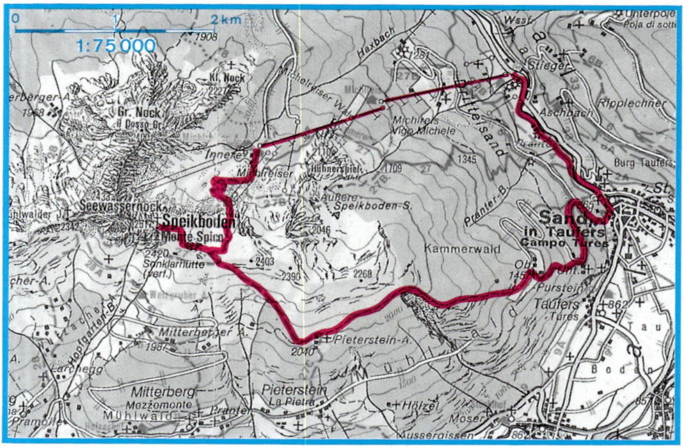

Tourenverlauf: Den Aufstieg zur 1.958 m hohen Michlreiseralm erleichtern wir uns durch den Lift. Wir wenden uns nun südwärts zum Weg 27, steigen parallel neben den Schlepplifttrassen aufwärts und erreichen nach 1 Stunde die Ruine der Sonklarhütte und weiter dem Weg folgend nach leichtem Aufstieg den Speikboden, den man als eine der »Logen« für Alpinfotografen und solche, die gerne traumhafte Aussichten genießen, bezeichnen kann. Neben den Zillertaler Alpen und Dolomiten bietet sich außerdem noch herrlicher Ausblick zur Venedigergruppe im Nordosten und noch weiter bis zur Glocknergruppe. Wir steigen nun wieder den gleichen Weg ab, jedoch nur bis zu einer Gabelung östlich der Sonklarhütte; hier geht es abwärts zur Pietersteinalm. An der Hütte vorbei, dann dem Weg ostwärts folgend ziemlich steil nach Oberpurstein und über eine Forststraße weiter talwärts nach Sand in Taufers. Am Weg 4 erreichen wir wieder unseren Ausgangspunkt bei der Seilbahnstation.

50 Reiner Höhenweg

Ausgangspunkt: Rein im Knuttental
Parken: GH Berger
Höhenunterschied: 500 m
Wanderzeit: 4½ Std.
Schwierigkeitsgrad: leicht!
Einkehr: GH Berger

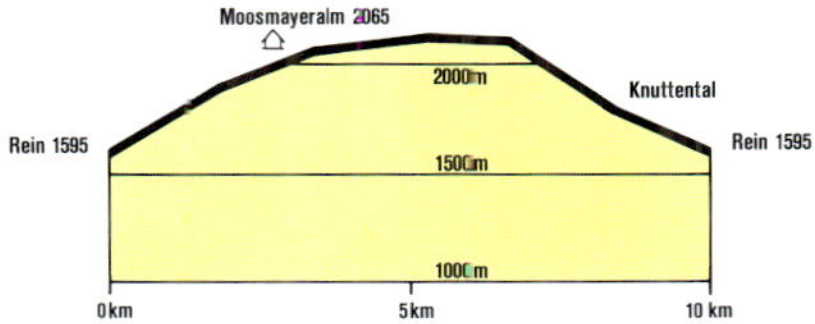

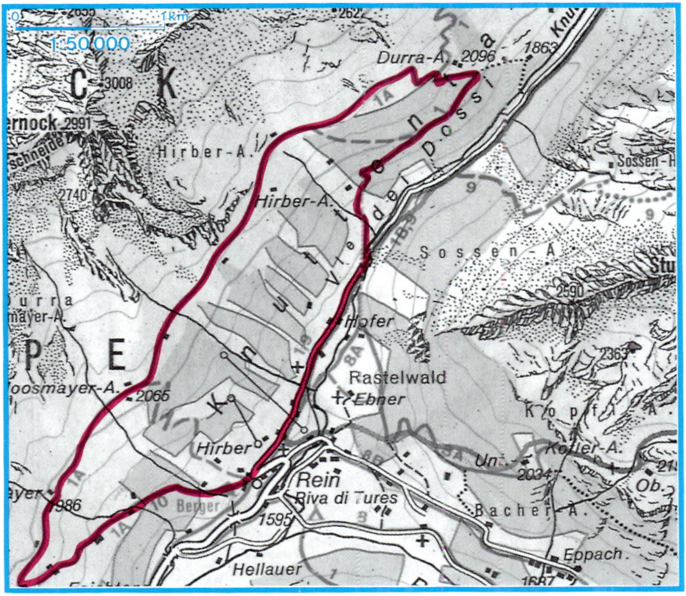

Tourenverlauf: Von Rein, GH Berger, hinauf am Weg 10 Richtung Westen, der uns leicht ansteigend unter den Dreitausendergipfeln des Durreck und des Großen Mostnock aufwärts führt. Wir kommen an einigen kleinen Heuhütten vorbei und erreichen nach einer knappen Stunde einen von rechts einmündenden Wanderweg (Nr. 1A), dem wir folgen. Nach einer weiteren halben Stunde erreichen wir die 1.986 m hoch gelegene Mittermayeralm. Wir setzen diese Wanderung, die uns überaus gute Aussicht bis in den Talschluß des Knuttentales sowie im weiteren Verlauf des Weges auch auf die Rieserfernergruppe und den -gletscher im Süden bietet, in nordöstliche Richtung fort. Wir überqueren dabei ein Bächlein und kommen danach zur Moosmayeralm. Nun wird der Weg flacher, hintereinander folgen die Hirber- und die Durraalm. Von letzterer zweigt der Fuldaer Weg ins Ahrntal ab. Wir steigen jedoch talwärts und erreichen über einen gemütlichen Wiesenweg den Boden des Knuttentales, und oberhalb des Knuttenbaches entlang wandern wir nach Rein.

51 Wanderung: Rein – Knuttental – Klammlsee

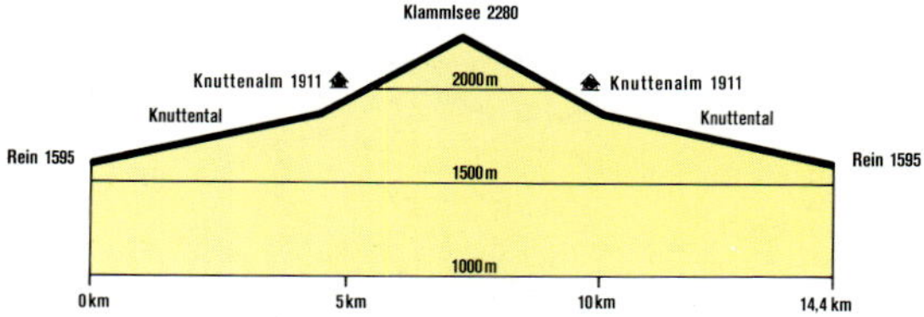

Ausgangspunkt: Rein
Parken: Pension Pacher
Höhenunterschied: 750 m

Wanderzeit: 5½ Std.
Schwierigkeitsgrad: leicht!
Einkehr: in Rein, Jausenstation im Knuttental

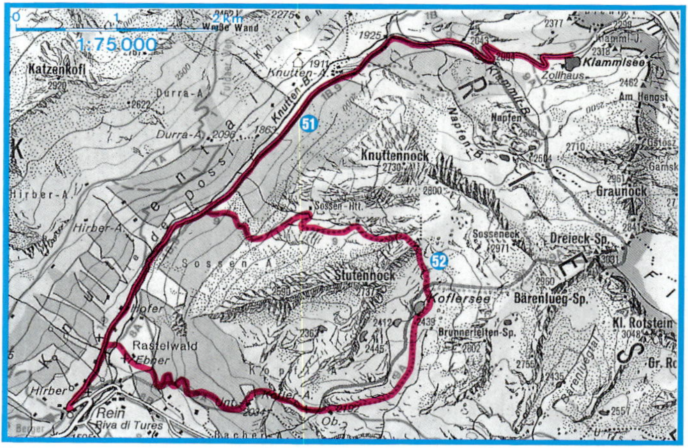

Tourenverlauf: Wir benutzen in Rein die Straße, die oberhalb der Pension Pacher in den Ort hinaufführt, bei der Kirche eine Kehre ostwärts macht und dann sanft zu den letzten Häusern und Gehöften des Ortes ansteigt. Bei schönem Wetter bietet sich uns ein wunderbarer Ausblick hinein ins Bachertal und zur Rieserfernergruppe. Kurz nach dem letzten Gehöft öffnen wir ein Gatter, denn hier beginnt der Schotterweg ins Knuttental (Fahrverbotstafel). Diese Wanderung zeichnet sich entlang des plätschernden Baches im Talboden durch ihre beschauliche Ruhe und Romantik aus. Man spürt deutlich, daß man sich weitab aller Fahrwege und lärmenden Straßen befindet. Nach etwas mehr als 1½ Stunden stehen wir vor der Jausenstation. Danach beginnt der Weg etwas stärker anzusteigen, und über ein paar steilere Kurven erreichen wir nach einer weiteren Stunde den kleinen, knapp an der Grenze zu Osttirol gelegenen Klammlsee. Für konditionsstarke Geher kann der Rückweg ins Knuttental auch mit einer Umwanderung des 2.505 m hohen Napfen (Weg 9 A – Abzweigung nach der 2. Kehre unter dem See) verlängert werden, ansonsten ist der Rückweg mit dem Hinweg identisch.

Wiesen im Bachertal mit Hochgall

52 **Bergwanderung:** Rein – Koflerseen, 2.439 m – Knuttental

Ausgangspunkt: Rein
Parken: im Ort
Höhenunterschied: 950 m
Wanderzeit: 5 Std.
Schwierigkeitsgrad: leicht!
Einkehr: in Rein
Karte: siehe Seite 92

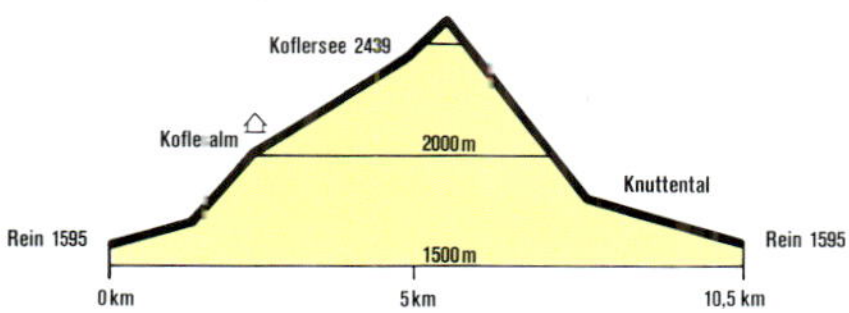

Tourenverlauf: Von Rein wandern wir vorerst Richtung Knuttental, bis nach ca. 20 Minuten rechts der Weg 8 A Richtung Ebnerhof abzweigt. Dieser Weg führt nun in den Wald und leicht ansteigend und permanent kurvenreich Richtung Untere Kofleralm, die wir nach etwas mehr als einer Stunde erreichen. Nach kurzer Wanderung kommen wir zur bereits sehr aussichtsreichen und über der Waldgrenze gelegenen Oberen Kofleralm, einer richtigen Aussichtsterrasse Richtung Gipfel- und Gletscherwelt der Rieserfernergruppe (hier zweigt der Hartdegenweg zur Hochgallhütte ab). Nun wird der Weg mäßig steil und auf Fels- und Almsteigen erreichen wir den kleinen, in 2.412 m Höhe gelegenen, Unteren Koflersee. – Oder kurz vor diesem aufwärtssteigend den 2.439 m hoch gelegenen und wesentlich größeren Oberen Koflersee. Bei Windstille sind diese Seen mit ihren märchenhaften Widerspiegelungen der sie umgebenden Bergwelt ein einladendes Fotomotiv. Wir steigen nun noch ein Stück bergwärts, biegen dann links in den Steig Richtung Knuttental ab, überqueren eine Senke zwischen Stutennock und Knuttennock. Danach dem Weg 9 entlang steil talwärts passieren wir unterwegs die unbewirtschaftete Sossenhütte und erreichen den Talboden des Knuttentales, wo uns die Straße Richtung Rein aufnimmt.

53 Wanderung: Rein – Reinbach-Wasserfall – Eppach – Rein

Ausgangspunkt: Rein
Parken: im Dorf
Höhenunterschied: 255 m
Wanderzeit: 3 Std.
Schwierigkeitsgrad: leicht!
Einkehr: in Rein

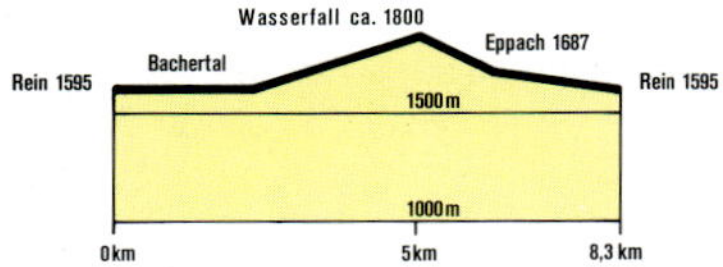

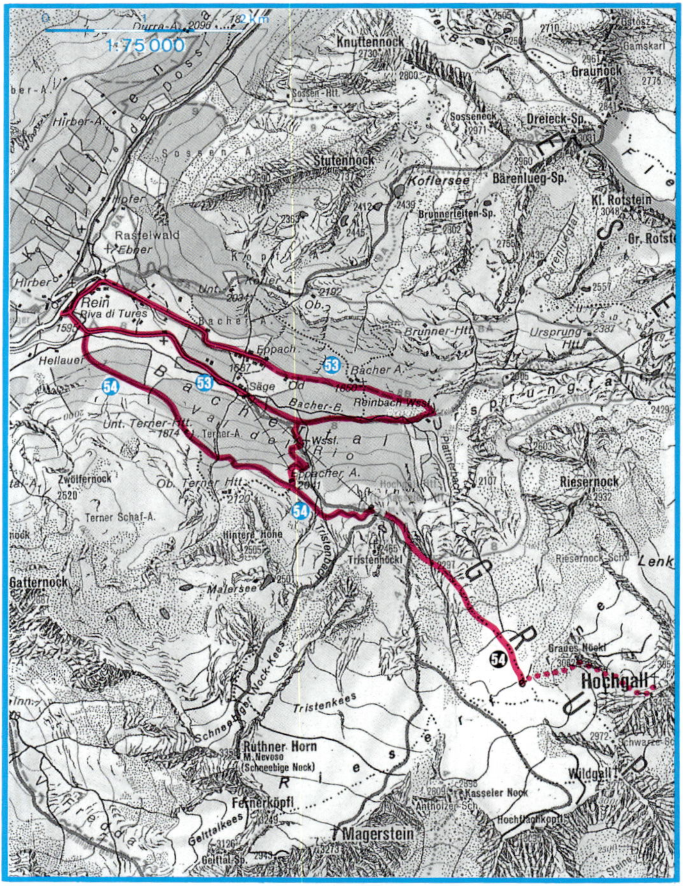

Tourenverlauf: Von Rein wandern wir südöstlich in das sehr romantische Bachertal dem Fahrweg entlang, der als Weg 8 bezeichnet ist. Wir passieren den Campingplatz, überqueren nach 45 Minuten bei einer Säge den

Bach und wandern auf einem Waldweg in den Talschluß, bis wir nach einer weiteren Bachüberquerung den Reinbach-Wasserfall erreichen; vom Wanderweg aus bereits deutlich hörbar. Beim Wasserfall beginnt der Aufstiegsweg zu den Höhenwegen der Rieserfernergruppe. Wir nehmen nun jedoch, dem Weg 8 B folgend, den Rückweg über die nördliche Talseite, wo wir zuerst zur Bacheralm aufsteigen. Von hier talauswärts, zuerst vorbei an einem Gehöft zum Weiler Eppach. Hier setzt sich nun der mit 8 B bezeichnete Wanderweg in Form eines sanft talwärts führenden Fahrweges fort. Mehrere Blicke zurück sowie der von hier geradezu einladende Fotomotiv-Standplatz Richtung Talschluß und Rieserfernergruppe mit dem Riesernock und dem Hochgall bleiben uns in Erinnerung. Kurz darauf erreichen wir unseren Ausgangspunkt in Rein.

54 **Bergwanderung:** Rein — Hochgallhütte, 2.274 m (— Hochgall, 3.435 m) — Eppacher Alm — Rein

Ausgangspunkt: Rein
Parken: im Dorf
Höhenunterschied: 679 m
Wanderzeit: 4½ Std.
Schwierigkeitsgrad: leicht! Gipfelbesteigung nur für Geübte mit alpiner Erfahrung!
Einkehr: Hochgallhütte
Karte: siehe Seite 94

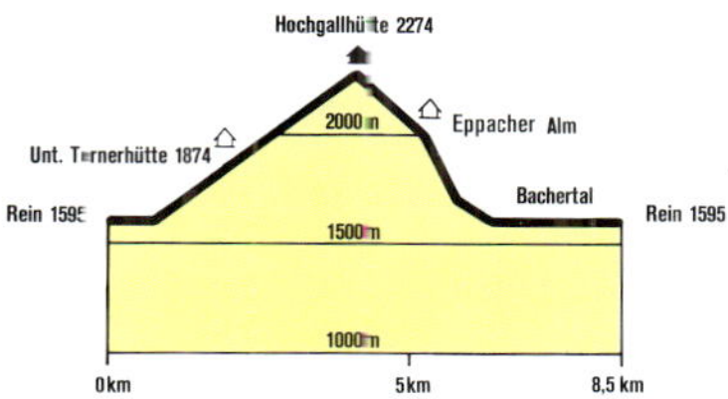

Tourenverlauf: Von Rein südlich über den Knuttenbach zweigen wir kurz darauf vom Fahrweg ins Bachertal rechts ab. Nach Wald- und Almwanderung kommen wir zur 1.874 m hoch gelegenen Unteren Ternerhütte (unbewirtschaftet). Wir folgen weiter dem Weg 1, überqueren einen Gebirgsbach und erreichen nach insgesamt 2 Stunden die Hochgallhütte in wunderschöner Lage unterhalb des Rieserferners. Für den Abstieg wählen wir den gleichen Weg bis kurz oberhalb der Eppacher Alm; hier zweigt rechts ein Waldweg entlang des Baches ab, der etwas steiler und direkter ins Bachertal hinabführt. Unterwegs sollte man den 58 m hohen Wasserfall (kurzer Abstecher mit guter Beschilderung) besichtigen. Von nun an führt das letzte Stück Weg durch den Wald abwärts zum Talboden; wir erreichen den Weg Nr. 8 und folgen wie bei Wanderung Nr. 53 dem gleichen Weg talauswärts nach Rein. — Die Hochgallhütte ist Ausgangspunkt zahlreicher hochalpiner Ski-, Eis- und kombinierter Bergfahrten. Magerstein, 3.273 m (3½ Std. Gletscheranstieg), und Ruthner Horn 3.358 m (2½ Std., im Sommer eisfreier Anstieg), stehen jedoch etwas im Schatten des Hochgall. Der Normalweg (I-II) führt über das Gletschervorfeld an den Fuß des NW-Grates, der den weiteren Anstieg vorzeichnet. Nachdem anfangs ein Blockgrat überwunden wurde, kennzeichnet das Mittelstück ein steiles Firn- bzw. Eisfeld. Der weitere Anstieg zum Gipfelkreuz (insgesamt 4 Std.) ist wieder Blockgrat.

55 **Wanderung:** Sand in Taufers – Pojer Wasserfälle – Luttach

Ausgangspunkt: Sand in Taufers
Parken: bei der Ahrnbrücke unter Schloß Taufers
Höhenunterschied: 100 m
Wanderzeit: 1½ Std.
Schwierigkeitsgrad: leicht!
Einkehr: in Luttach bzw. Talstation Speikbodenbahn

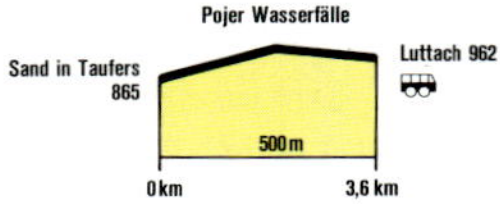

Tourenverlauf: Vom Parkplatz wenden wir uns nordwärts über die Brücke, wandern unterhalb des Burgfelsens vorbei und überqueren kurz darauf links erneut die Ahrn. Nun führt ein romantischer Waldweg am Westufer des Baches Richtung Norden. Nach 20 Minuten erreichen wir die Speikbodenbahn. Hier überqueren wir die Hauptstraße, gehen etwa 100 m auf dieser zurück (talauswärts). Gleich nach der Brücke wiederum links in einen Weg einbiegend, spaziert man am Ostufer der Ahrn weiter nordwärts. Wir steigen nach rechts zum Wasserfall hinauf, der uns mit seinen fast 80 Metern Höhe ein beeindruckendes Schauspiel bietet. Nordwärts wieder zum Wanderweg hinab geht's entlang einer Schotterstraße nach Luttach. Auf einer überdachten Holzbrücke überqueren wir wiederum den Bach und wenden uns ein kurzes Stück noch nach rechts bis zum Ortsanfang von Luttach. Von hier aus können wir mit dem Bus zu unserem Ausgangspunkt zurückfahren.

56 **Bergwanderung:** Weißenbach – Mitterberger Alm, 1.968 m

Ausgangspunkt: Weißenbach (vom Ahrntal bei Luttach abzweigend)
Parken: im Dorf
Höhenunterschied: 634 m
Wanderzeit: 3½ Std.
Schwierigkeitsgrad: leicht!
Einkehr: in Weißenbach
Karte: siehe oben

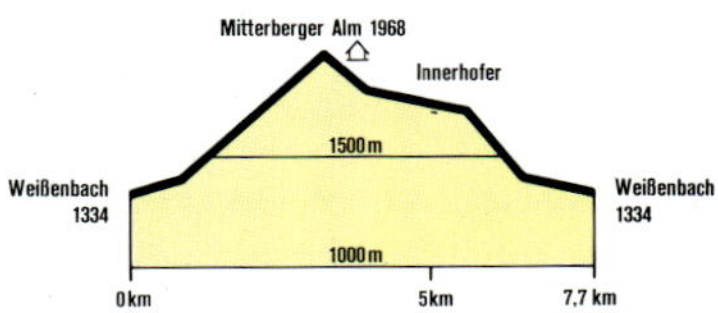

Tourenverlauf: Dieses hochgelegene Seitental des Ahrntales lädt zu einer Vielzahl von interessanten, auch kurzen Wanderungen ein. Diese Tour ist nur ein Vorschlag einer äußerst idyllischen Wanderung in eher selten be-

Weißenbach

gangene Gebiete, da touristische Stützpunkte (= Einkehrhütten) fehlen. Wir wandern von Weißenbach 20 Minuten in westliche Richtung taleinwärts und zweigen danach in südliche Richtung auf den Weg Nr. 28 ab. Über eine Wiese, dann in den Wald, und nach kurzem Anstieg queren wir eine Forststraße und erreichen ein ruhiges Waldtal, wo die Stille nur zeitweise vom Rauschen eines kleinen Baches unterbrochen wird. Gleichmäßig steigt der Weg nun an, bis wir nach nicht ganz zwei Stunden Wanderzeit das Hochplateau der Mitterberger Alm erreichen, wo wir inmitten der dort gelegenen Almhütten Rast machen und die großartige Gletscherwelt der Zillertaler Alpen genießen. Für den Abstieg können wir den Aufstiegsweg benutzen; es kann aber auch ein etwa 20 Minuten unter der Alm gelegener Linksabzweiger von unserem Weg benutzt werden, der die Wanderung um etwa ½ Stunde verlängert, doch auf sehr romantischem Weg am Fuß des Stoßkofls zum Talschluß beim Innerhof führt, wo wir in östliche Richtung über die Straße wiederum unseren Ausgangspunkt in Weißenbach erreichen.

57 **Bergtour:** Oberluttach – Daimerhütte, 1.872 m – Schwarzensteinhütte, 2.922 m

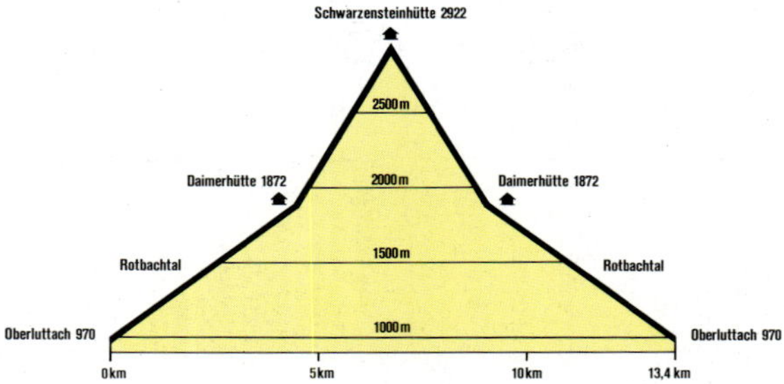

Ausgangspunkt: Oberluttach
Parken: Dorfmitte (Nähe Bushaltestelle)
Höhenunterschied: 1.940 m
Wanderzeit: 9½ Std.
Schwierigkeitsgrad: schwer! Nur für Geübte!
Einkehr: Daimerhütte, Schwarzensteinhütte
Karte: siehe Seite 99

Tourenverlauf: Wir zweigen in Oberluttach (Hotel Post) zuerst von der Ahrntalstraße westwärts ab Richtung Wasserfall (beschildert), dann wenden wir uns nordwärts auf dem Weg Nr. 23 und erreichen bei den Gehöften von Großstahl wieder eine kleine Straße. Dieser wandern wir entlang, bis wir wieder auf den Weg 23 hinauf ins Rotbachtal gelangen. Mäßig ansteigend in das enger werdende Tal hinauf erreicht man nach etwas mehr als 2 Stunden die Unt. Schöllbergalm. Nach weiterem leichten Anstieg sehen wir die Jausenstation Daimerhütte. Von hier aus genießen wir bereits den imposanten Blick auf die Gipfel der Zillertaler Alpen. Wir beginnen nun den schwierigeren Teil der Tour und steigen aus dem Rotbachtal über Serpentinen hinauf zum sog. »Kleinen Tor«, dann weiter zum Großen Tor und unterhalb der Tribbacherschneide bei der rot-weißen Markierung über einen 200 m langen Klettersteig (Schwindelfreiheit erforderlich!) östlich des Rotbachkeeses hinauf zur Hütte. Sollte auch der Schwarzenstein (3.368 m) eingeplant werden (1½ Stunden von der Hütte), so ist diese Tour als Zweitagestour anzuraten. Ansonsten treten wir den Abstieg über den Aufstiegsweg an.

58 **Bergwanderung:** Mühlegg — Frankbachalpe

Ausgangspunkt: Bruggenwirt bei Mühlegg
Parken: Nähe Bruggenwirt
Höhenunterschied: 820 m
Wanderzeit: 5 Std.
Schwierigkeitsgrad: leicht!
Einkehr: Bruggenwirt

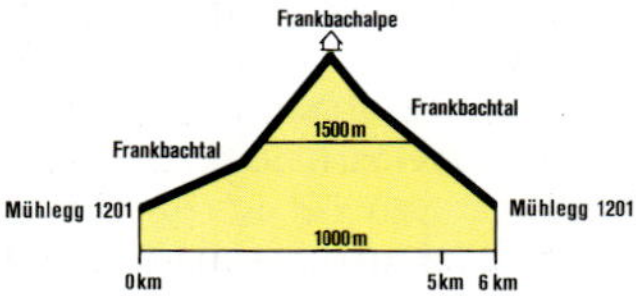

Tourenverlauf: Vom Bruggenwirt zuerst die Ahrntalhauptstraße taleinwärts und kurz vor einer Rechtsbiegung links abzweigend zur Häusergruppe Platten. Nun weiter Richtung Norden wandernd, führt der Weg Nr. 18 am

(vom Wanderer aus gesehen) linker Ufer des Frankbaches westlich der Streusiedlung von Mühlegg hinein ins Frankbachtal. Verstreut liegen taleinwärts vor allem an der östlichen Talseite noch einige Gehöfte, bis der Weg etwas steiler werdend durch den Wald nach etwa 1½ Stunden die Frankwiesen erreicht. Wir überqueren den Frankbach und wandern nun relativ steil hinauf zur sehr schön gelegenen Frankbachalpe. Wildromantisch erhebt sich nun über uns der Große Löffler, 3.376 m, mit seinem Gletscher. Der Weg überquert am oberen Rand der Alm ein paar Gletscherbäche. Bei der Weggabelung, wo rechts der Weg weiter zu den Kletterrouten führt, halten wir uns links und steigen an der Westseite der Frankbachalpe wieder abwärts, passieren die nicht bewirtschaftete Platterhütte und steigen über den Weg 18 bzw. an der Ostseite des Tals wieder abwärts zum Bruggenwirt.

59 **Höhenwanderung:** Steinhaus – Klaussee, 2.162 m

Ausgangspunkt: Steinhaus im Ahrntal
Parken: Talstation Gondelbahn
Höhenunterschied: 1.110 m
Wanderzeit: 3½ Std.
Schwierigkeitsgrad: leicht!
Einkehr: Jausenstation bei Gondellift-Bergstation

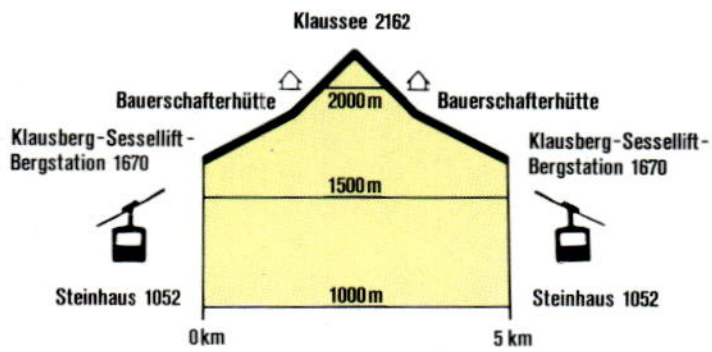

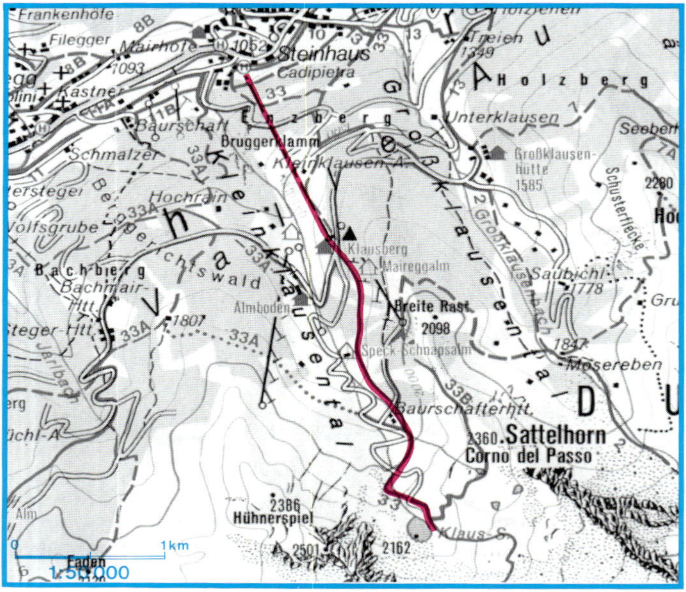

Tourenverlauf: Wir benutzen den Klausberg-Sessellift als Erleichterung und Verkürzung des Aufstieges und können, vom Sessellift zurückblikkend, bereits die imposante Kette der Zillertaler Alpen beobachten. Von der Bergstation der Gondelbahn wandern wir nun das Kleinklausental (Lärchenwald) in südliche Richtung taleinwärts und benutzen dazu den bequem begehbaren Güterweg (Markierung »33«), der sanft ansteigt. Bei einer Linkskehre können wir den Weg als Abkürzung geradeaus weiterbenutzen: Wir wandern nun dem Bach entlang weiter und erreichen den Weg wieder bei einer Gruppe von Almhütten. Nun über ein paar Kurven hinauf, bis wir den Klaussee, einen herrlich gelegenen Bergsee, erreichen, wo wir bei klarem Wetter und Windstille die Spiegelbilder der umgebenden Gipfel im See betrachten können. Nach geruhsamer Rast wandern wir den gleichen Weg bis zur Bergstation des Sesselliftes zurück. Von hier können wir auch (beschildert) auf der durch den Wald führenden Forststraße absteigen.

60 **Rundwanderung:** Prettau – Waldnersee, 2.338 m – Niederwieseralm – Kasern

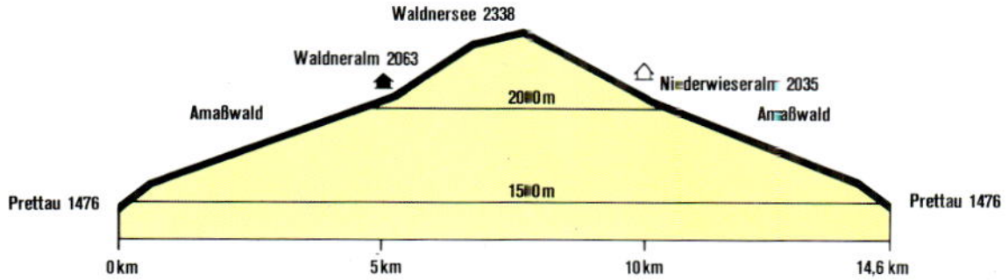

Ausgangspunkt: Prettau im Ahrntal
Parken: im Ort
Höhenunterschied: 880 m

Wanderzeit: 6½ Std.
Schwierigkeitsgrad: mittel!
Einkehr: Waldneralm

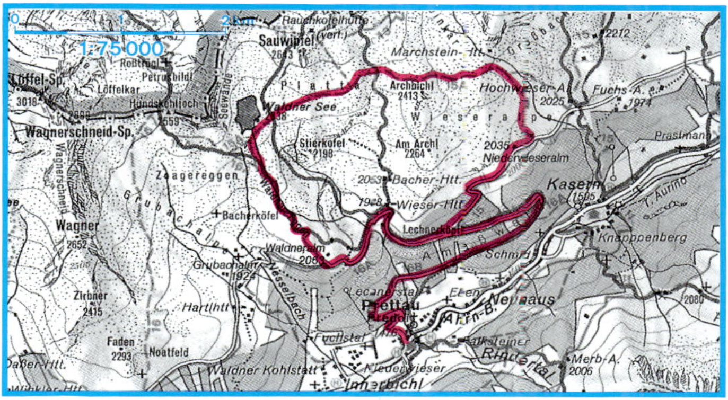

Tourenverlauf: Bei der Wegkreuzung nahe der Bushaltestelle und dem Gasthaus biegen wir in Prettau Richtung Norden ab und wandern auf der durch den Wald führenden Forststraße (für KFZ gesperrt) aufwärts. Die Straße ist mit 16 B markiert und führt am Berghang entlang zuerst taleinwärts, dann nach einer Kehre Richtung Westen zur Wieserhütte. Von hier führt die Straße weiter zur Waldneralm (Einkehr). Wir verlassen die Forststraße und wandern nordwärts über den gut markierten Almsteig zum in 2.338 m hoch gelegenen Waldnersee, dem größten und vielleicht schönsten See im Ahrntal. Wir schlendern am Ostufer des Sees entlang, wo sich uns mit den zum Hundskehljoch gehörigen Seewänden eine wunderschöne Kulisse bietet. Wir verlassen diesen malerischen Platz wiederum Richtung Osten und wandern nun bequem über einen Höhenweg (15 A) entlang der drei zu den Zillertaler Alpen gehörenden Gipfel Sauwipfel, Gamsspitzl und Steinmannl. (Von der Abzweigung auf der Platta ist über die verfallene Rauchkofelhütte der 3.252 Meter hohe Rauchkofel in 3 Std. zu besteigen.) Nach etwas mehr als einer Stunde biegt der Weg wieder südlich abwärts. Wir erreichen eine Forststraße, die zur Niederwieseralm führt. Wir stoßen dann wieder auf die Forststraße, die wir bereits für den Aufstieg benutzten. Über diese gelangen wir wieder nach Prettau bzw. zu unserem Ausgangspunkt.

61 **Rundwanderung:** Kasern – Röttal – Lenkjöchlhütte, 2.590 m – Windtal – Kasern

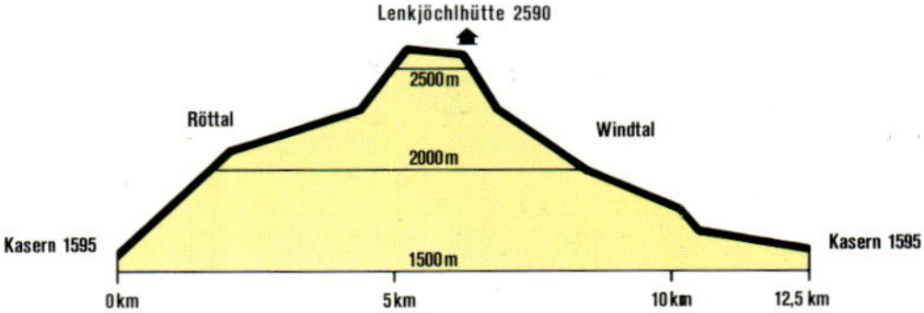

Ausgangspunkt: Kasern im Ahrntal
Parken: Nähe Bushaltestelle
Höhenunterschied: 978 m

Wanderzeit: 6 Std.
Schwierigkeitsgrad: mittel!
Einkehr: Lenkjöchlhütte

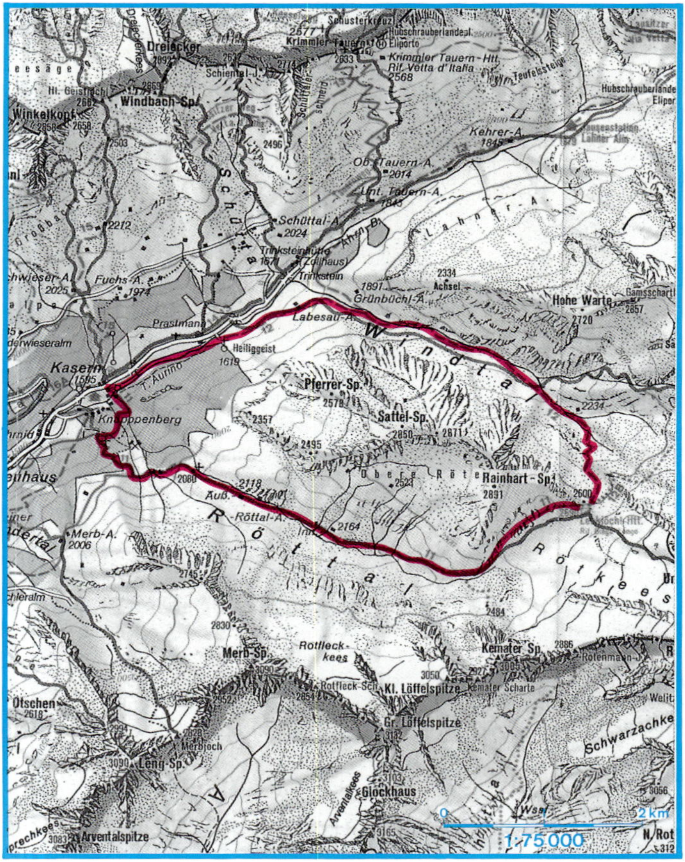

Heiliggeist bei Kasern

Tourenverlauf: Diese wirklich empfehlenswerte und äußerst schöne Rundtour beginnen wir in Kasern, indem wir in südliche Richtung den Weg Nr. 11 Richtung Knappenberg wandern. Der Weg führt dann gleich ziemlich steil bergan durch den Wald. Nach der Waldgrenze passiert man einen alten Bergwerksstollen (1525 eingestellt) und erreicht das Röttalkreuz. Danach über Weiden zu den Röttalalmen. Der Weg führt nun äußerst angenehm ansteigend durch dieses abgeschiedene Alpental; sehr malerisch in das tiefe Grün der Weiden und Almmatten fügt sich der Rötkees im Talschluß ein. Am Südfuß der Rainhartspitze macht der Weg eine Kurve in Richtung Nordosten. Er wird etwas steiler, und wir erreichen nach einer Gesamtwanderzeit von 3 Stunden die in wunderschöner Umgebung gelegene große Lenkjöchlhütte. Nach ausgiebiger Rast, bei der man sich an der herrlichen Umgebung gar nicht satt sehen kann, führt uns der Weg weiter ziemlich steil nordseitig ins Windtal; an der Talsohle wandern wir weiter dem Bach entlang talauswärts zur Labesaualm. Von hier aus dann weiter auf dem Weg Nr. 12 zum Bergkirchlein Heiliggeist. Bei Heiliggeist überqueren wir den Ahrnbach und wandern diesem entlang über einen Fahrweg zurück nach Kasern.

62 **Wanderung:** Trinksteinhütte – Birnlückenhütte, 2.440 m

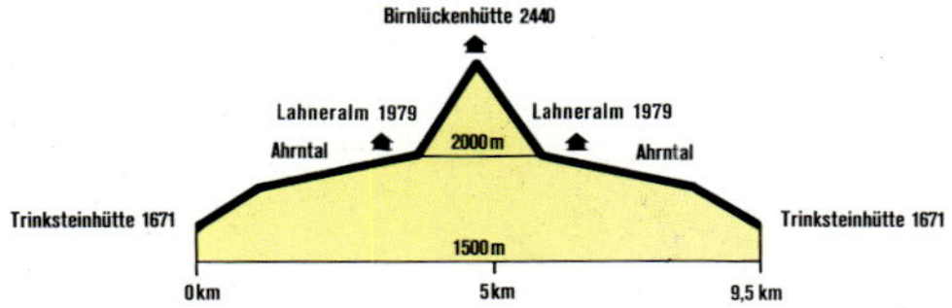

Ausgangspunkt: Kasern, hinteres Ahrntal
Parken: Nähe Trinksteinhütte
Höhenunterschied: 780 m

Wanderzeit: 4½ Std.
Schwierigkeitsgrad: mittel!
Einkehr: Lahneralm, Birnlückenhütte

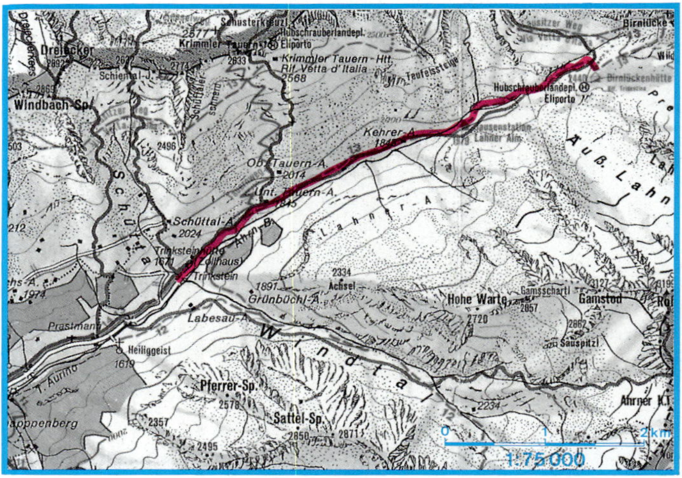

Tourenverlauf: Mit dieser Tour im nordwestlichsten Zipfel des italienischen Staatsgebietes kann auch für den einigermaßen geübten Wanderer der Zugang zu den hochalpinen Gletscherregionen erschlossen werden. Sie beginnt am Ende der Fahrstraße im hinteren Ahrntal bei der unbewirtschafteten Trinksteinhütte, die per Auto von Kasern aus erreicht werden kann. Wir wandern nun über den gut und leicht begehbaren Weg Nr. 13 immer dem Ahrnbach entlang taleinwärts. Nach kurzer Zeit zweigt links der steile Weg Richtung Krimmler Tauern ab, wir bleiben jedoch auf dem Weg Nr. 13, passieren die 1.845 m hoch gelegene, unbewirtschaftete Kehreralm und erreichen nach weiterem leichten Aufstieg die Lahneralm. Über einen zuletzt steilen Steig gelangen wir zur herrlich am Fuß des Prettau- und Lahnerkeeses gelegenen Birnlückenhütte. Von hier aus kann auch als nächstgelegener Gipfel in kurzer Zeit die 2.667 m hohe Birnlücke bestiegen werden. Als Abstiegsweg wird der Aufstiegsweg empfohlen; weitere Touren, wie z. B. der Lausitzer Weg (1985 fertig instandgesetzt) oder der Glockenkarkopf können als Zweitagestour geplant werden.

Gadertal

● Fremdenverkehrsverband, Verkehrsverein — Straße — Eisenbahn

Seilbahn, Sessellift (70) Lage der beschriebenen Wanderwege

Ortsbeschreibungen:

ABTEI

Gemeinde, Provinz Bozen, Einwohnerzahl: 2700, Seehöhe: 1.300-1.600 m, Postleitzahl: I-39030.
Auskunft: Tourismusverein Abtei-Stern. **Bahnstation:** Bruneck (32 km). Busverbindung mit Bruneck und Corvara.
Bergbahnen: Gondelbahn, Sessel- und Schlepplifte.

Der Name Abtei ist sehr alt. Er wird von der einstigen Zugehörigkeit der 70 hier liegenden Höfe zur Gerichtsbarkeit des Sonnenburger Nonnenklosters abgeleitet. Über St. Leonhard liegt die Bergsteigerwallfahrtskirche Heiligkreuz. Pedratsches hat gerade während der letzten Jahre in der weißen Jahreszeit einen beachtlichen Aufschwung genommen, nachdem sein Skigelände an den »Ski-Zirkus« von St. Kassian, Stern, Pralongia und Corvara angehängt wurde.

Sehenswert

Schloß Thurn bei St. Martin; 13. Jahrhundert; erster Besitz der Herren von Schöneck, dann von Stuck und Villanders. – **Kirche St. Leonhard;** 1347 geweiht, 1776–78 von F. Singer aus Götzens umgebaut (besonders schöne Rokokokirche, 1957 restauriert, Altarblätter von M. Günther). – **Wallfahrtskirche Heiligkreuz,** 2.043 m (Andachtsstätte der Bergsteiger vor schweren Hochtouren) mit einmaliger Aussicht auf den Marmoladagletscher. – Pfarrhof in St. Leonhard (16. Jh.). – Ansitz Colz (16. Jh.). – Ansitz Sompunt aus dem Jahr 1578 (heute Bauernhof).

Sassongher von Süden

CORVARA

Gemeinde, Provinz Bozen, Einwohnerzahl: 1250, Seehöhe: 1.568 m, Postleitzahl: I-39033. **Auskunft:** Tourismusverein Corvara. **Bahnstation:** Bruneck (37 km). Busverbindung mit Bruneck und Belluno.
Bergbahnen: Gondelbahn, Sessel- und Schlepplifte.

Corvara, die als Verkehrs- und Fremdenzentrum bekannte Siedlung, ist aus wenigen, bereits 1292 aufgezeichneten, armseligen Bauernschwaigen entstanden. Schöpfer dieses idealen Wintersportplatzes war der 1969 verstorbene Bergbauernsohn und spätere Hotelier Franz Kostner. Die Siedlung lehnt sich an den zum Campolongo-Paß hinaufführenden Hang zwischen dem Kegel des Col Alto und den der Sellagruppe vorgelagerten Felsbastionen. Ringsum weitet sich der berühmte, mehrere Kilometer umfassende Talkessel. Mit den gewaltigen Burgen ähnelnden Riesenquadern der Sella im Westen, dem wie von einem Steinbruch abgetragenen Kegel gleichenden Sassongher und dem Sass da Ciampac gilt die Dolomitenszenerie um Corvara als einzigartig. Als Wintersportplatz genießt es Weltruf.

Sehenswert

Die alte **Pfarrkirche** St. Katharina, im 12. Jahrhundert errichtet, gotisch, im Innern besonders schöner Flügelaltar, Gemälde der hl. Katharina von A. Altersdorfer um 1250. – Der **Col-di-Lana-Gipfel,** im Frühjahr 1916 von italienischen Angriffstruppen gesprengt; unter den Trümmern liegen noch heute rund 100 gefallene österreichische Soldaten, vor allem Kaiserjäger und Sappeure, begraben.

ST. MARTIN IN THURN

Gemeinde, Provinz Bozen, Einwohnerzahl: 1500, Seehöhe: 1.127 m, Postleitzahl: I-39030. **Auskunft:** Tourismusverein St. Martin in Thurn/Piccolein. **Bahnstation:** Bruneck (20 km). Busverbindung mit Bruneck und Corvara.
Bergbahnen: siehe St. Vigil und Abtei.

Sehenswert

Die **Pfarrkirche,** 15. Jh. – **Schloß Thurn,** 13. und 14. Jh.

ST. VIGIL

Hauptort der Gemeinde Enneberg, Provinz Bozen, Einwohnerzahl: 2550, Seehöhe: 1.193 m, Postleitzahl: I-39030. **Auskunft:** Tourismusverein St. Vigil. **Bahnstation:** Bruneck (18 km). Busverbindung mit Bruneck und Corvara.
Bergbahnen: Sessel- und Schlepplifte.

St. Vigil war Gerichtsort (an der alten Linde). Gerichtsherrinnen waren die Sonnenburger Nonnen von St. Lorenzen. St. Vigil ist Geburtsort der Katharina Lanz, als »Mädchen von Spinges«, die sich in der Verteidigung des Kirchhofs von Spinges (1797) hervortat. Der Ort hat als Sommerfrische wie als Wintersportplatz durch die Liftverbindung mit dem Kronplatz einen guten Namen.

Sehenswert

Die **Pfarrkirche zum hl. Vigilius,** barock, 18. Jh., der ursprüngl. Bau bereits 1293 erwähnt (Deckengemälde des Augsburger Meisters M. Günther). – **Ruine Asch. – Die Wallfahrtskirche von Enneberg** (Gnadenfigur der Madonna). – **Schloß Raas. – Der Kreidesee** im Rautal (40 Quellen). – Die **Alpenflora** des Plan Pecei. – **Alpe Tamers** (Kampfstätte von 1487). – **Pederù** mit Schutzhaus (österreichisches Versorgungslager im Ersten Weltkrieg). – Die **Fanesalpe** mit dem Grün- und Limosee. – Die **Alpe Fodara Vedla** und die **Sennesalpe.**

WENGEN

Gemeinde, Provinz Bozen, Einwohnerzahl: 1200, Seehöhe: 1.352 m, Postleitzahl: I-39030.**Auskunft:** Tourismusverein Wengen. **Bahnstation:** Bruneck (25 km). Busverbindung mit Bruneck und Corvara.
Bergbahn: Sessellift in St. Leonhard (8 km).

Weitverstreut über den Sonnenhang des Wengentales, das bei Pederoa vom Gadertal abzweigt, liegen die Häuser der kleinen Gemeinde Wengen. Als »Twenge« wurde es 1260 zum ersten Mal genannt. Es ist die Heimat des Barockbildhauers Dominikus Molling, der die Statuen im Brixener Dom schuf.

Sehenswert

Die **alte Pfarrkirche** zum hl. Genesius, 1484 geweiht, seit 1870 profanisiert. – Die **neue Pfarrkirche,** erbaut 1874. – **St. Barbara,** 1490. – **Ansitz Rungg,** 16. Jh. – **Ansitz Bach** (Kapelle von 1636).

Wanderungen und Bergtouren im Gadertal:

63 **Bergwanderung:** Campill – Tschengles, 1.963 m

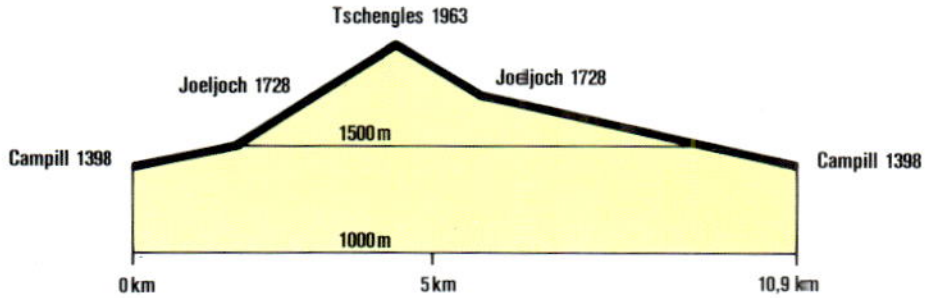

Ausgangspunkt: Campill
Parken: im Ort
Höhenunterschied: 570 m

Wanderzeit: 4 Std.
Schwierigkeitsgrad: leicht!

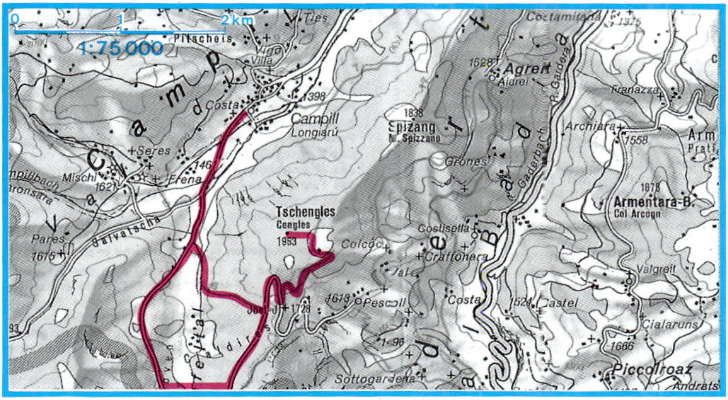

Tourenverlauf: Das Campilltal ist ein äußerst stilles Seitental des Gadertales, über St. Martin i. Thurn erreichbar, und bietet für Wanderer, die Ruhe abseits stark frequentierter Wege suchen, ein wahres Eldorado. Den Talschluß bilden die imposanten Erhebungen der Puez-Geisler-Gruppe. Unsere Tour auf die Tschengles ist quasi ein Weg auf deren Vorterrasse. Wir wandern dazu in Campill die Asphaltstraße südwärts Richtung Talschluß, bleiben bei einer Weggabelung am Weg geradeaus, der gleich darauf in eine Schotterstraße übergeht. 100 m nach einem Sägewerk biegen wir links ab und überqueren den Bach, passieren ein kleines Elektrizitätswerk und befinden uns nun auf dem beschilderten Weg zur Tschengles, der in abwechselnder Steilheit durch den Wald bergwärts führt. Nach einer kleinen Lichtung können wir nun entweder dem breiteren (Fahr-)Weg folgen und den links abbiegenden Waldweg als Abstiegsweg für den Rückweg nehmen oder umgekehrt. Der Fahrweg führt uns jedoch in einem weiten Bogen über den Talschluß hinauf zum Joeljoch, wo sich die Wege treffen. Über einen unschwierigen Waldsteig erreichen wir von hier aus die Waldkuppe der Tschengles. Der Abstieg führt wieder zur ostwärts gelegenen Lichtung und am Fahrweg oder (kürzer) am Weg Nr. 6 ins Tal.

64 **Wanderung:** Piccolein – Korspitze, 1.893 m – Wengen – Furnacia – Piccolroaz – Pedratsches

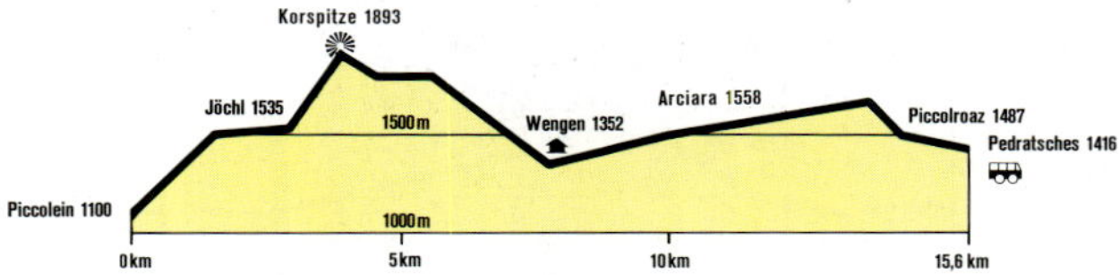

Ausgangspunkt: Piccolein im Gadertal
Parken: im Dorf, Nähe Bushaltestelle
Höhenunterschied: 780 m
Wanderzeit: 5 Std.
Schwierigkeitsgrad: leicht!
Einkehr: mehrere Möglichkeiten
Karte: siehe Seite 111

Tourenverlauf: In Piccolein steigen wir den Fahrweg in östliche Richtung bergwärts und erreichen über Joch und Flöß das Gasthaus Schönblick. Nun wandern wir weiter südöstlich über den bewaldeten Kamm und erreichen 45 Minuten später mit der 1.893 m hohen Korspitze den höchsten Punkt unserer Wanderung. Eben führt der Weg Nr. 4 Richtung Süden zum Plan de Cor, vorbei unterhalb des Ridberges und abfallend über Wiesen hinunter zum malerischen Bergdörfchen Wengen. In Wengen halten wir uns zuerst ein kurzes Stück taleinwärts nach Luns. Auf einem Fahrweg über den Bach gelangt man rechts abzweigend nach Furnacia. Bis Furnacia steigt der Weg ständig an, von dort an führt der schönste Teil der Wanderung ziemlich eben unter der 3.023 m hohen Zehnerspitze dahin, umgeben vom herrlichen Dolomitenpanorama. Wir passieren die kleinen Weiler Arciara und Valgreit und kommen im Abstieg nach Piccolroaz. Der Weg führt dann über Wiesen nach St. Leonhard und weiter zur Gadertalstraße in Pedratsches, wo wir mit dem Bus die Rückfahrt nach Piccolein antreten.

65 **Rundwanderung:** Pedratsches – Lago di Lalung

Ausgangspunkt: Pedratsches
Parken: im Ort
Höhenunterschied: 200 m
Wanderzeit: 2 Std.
Schwierigkeitsgrad: leicht!
Einkehr: in Pedratsches

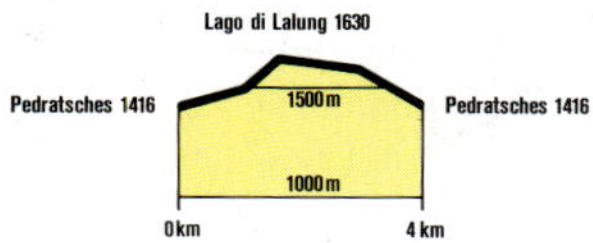

Tourenverlauf: In Pedratsches orientieren wir uns zuerst an der Markierung Nr. 1 und biegen bei der Abzweigung rechts zum Rungghof ab. Nach Passieren der Gehöfte weiter bis zum Waldrand und entlang eines Zaunes vorbei an einer Hütte und auf gutem Weg durch den Wald bis zum See. Sollte jemand bis hierher unter der Bezeichnung »See« ein größeres Gewässer erwartet haben, sollte er nicht enttäuscht sein. Dieses fast runde, ca. 40 m breite und nur etwa einen Meter tiefe Gewässer besticht vor allem durch seine Unberührtheit und Naturbelassenheit, obwohl es von den touristischen Zentren des Gadertals aus so leicht erreichbar ist. Der Wanderer möge die Stille unter den Felswänden des Gardenaccia-Massivs und den herrlichen Blick auf den gegenüberliegenden Heiligkreuzkofel genießen. Wir

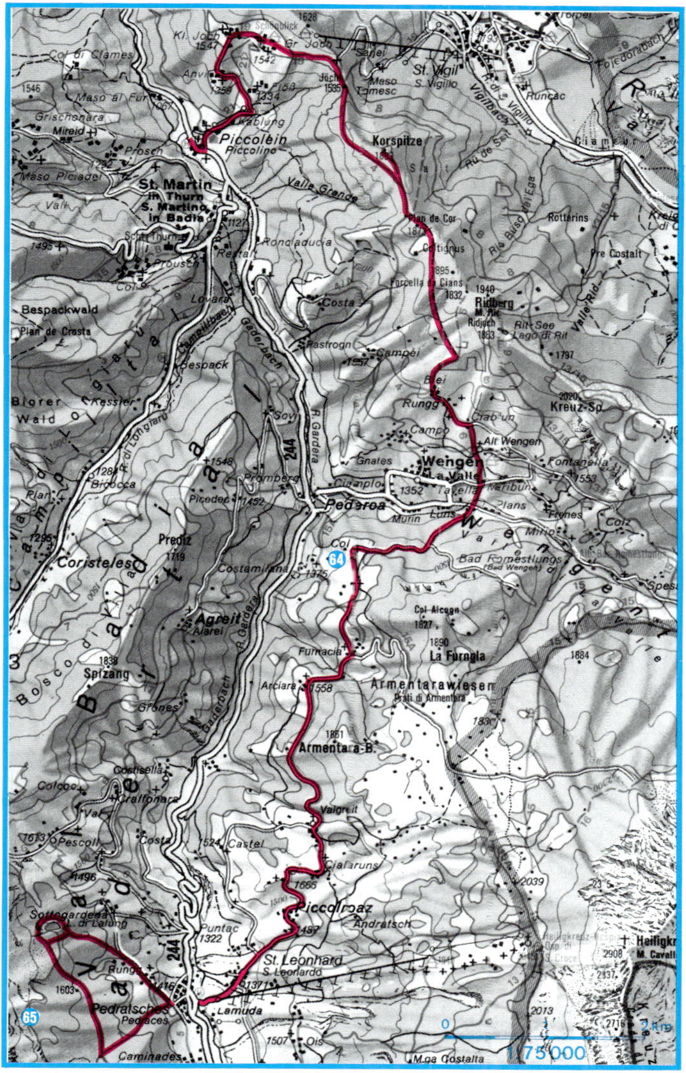

verlassen den See auf dem Waldsteig, der eben Richtung Süden führt. Nach etwas mehr als einer halben Stunde kommen wir zu einer Abzweigung, wo wir den Höhenweg links abbiegend verlassen und über einen gut begehbaren Steig nach Pedratsches talwärts wandern.

66 **Rundwanderung:** Um den Piz La Villa

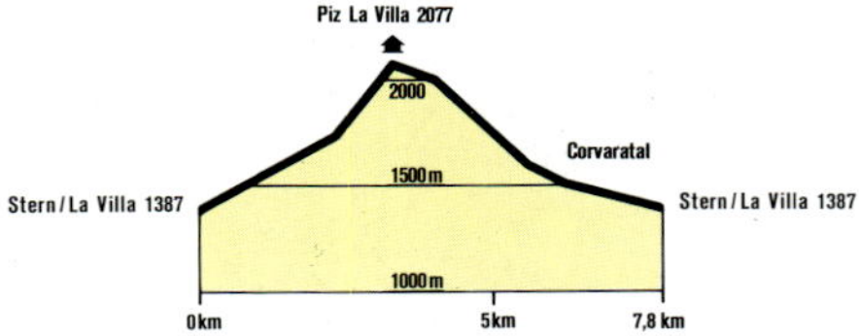

Ausgangspunkt: Stern (La Villa)
Parken: Seilbahn-Talstation
Höhenunterschied: 400 m

Wanderzeit: 3½ Std.
Schwierigkeitsgrad: leicht!
Einkehr: am Piz La Villa

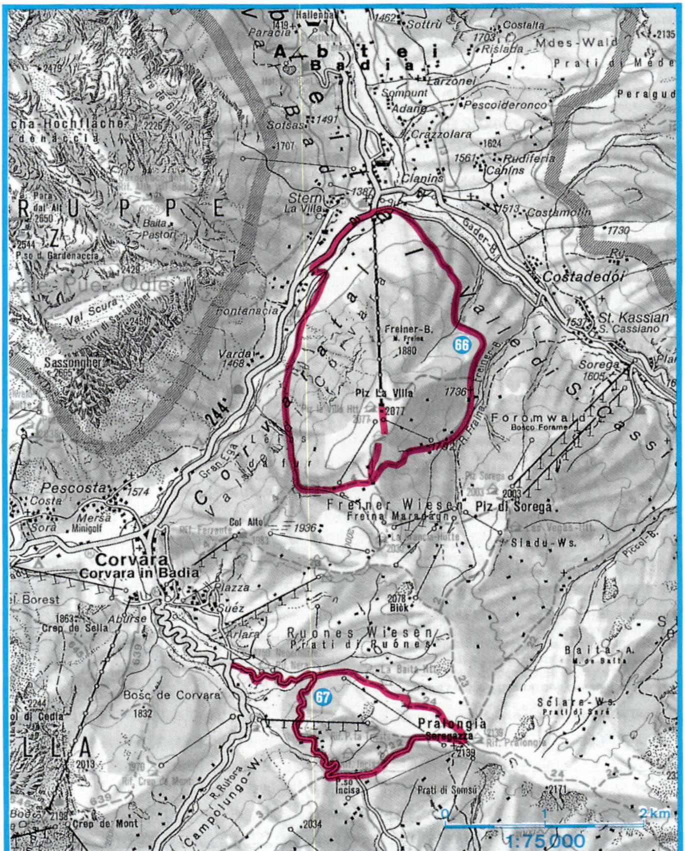

Tourenverlauf: Fährt man von Norden taleinwärts ins Gadertal, so fällt die sich mitten im Tal erhebende Kuppe auf, die etwa ab Pedratsches sichtbar wird. Es ist dies der Piz La Villa, leicht erreichbar mit einer Seilbahn, als Wanderziel aber auch zu Fuß interessant und auch als Rundwanderung um den Gipfel reizvoll, da diese schönen Ausblicke auf Puez-, Kreuzkofel und auch Sellagruppe gewährt. Wir beginnen die Wanderung im Uhrzeigersinn in östliche Richtung hinab zum Gaderbach und dann weiter in einigen Windungen und Kurven in den Wald, dem gut markierten und beschilderten Weg Nr. 4 folgend. Wir durchqueren ein kleines Tal mit einem Bächlein und steigen etwa auf der Höhe von St. Kassian zum kleinen Sattel auf, der den Piz La Villa von dem südöstlich gelegenen Piz di Sorega trennt. Über die Schneise eines der Skilifte kann man einen kurzen, aber steilen Abstecher zur Gipfelhütte machen. Der Weg Nr. 4 selbst führt nun über diesen kleinen Sattel talwärts durch Wald ins Corvaratal. Im Tal kommen wir wieder zum Bach, über eine Brücke mündet dann der Weg in die Hauptstraße ein, wo wir nach kurzer Zeit wieder unseren Ausgangspunkt erreichen.

67 **Rundwanderung:** Corvara – Negerhütte – Pralongia – La-Baita-Hütte

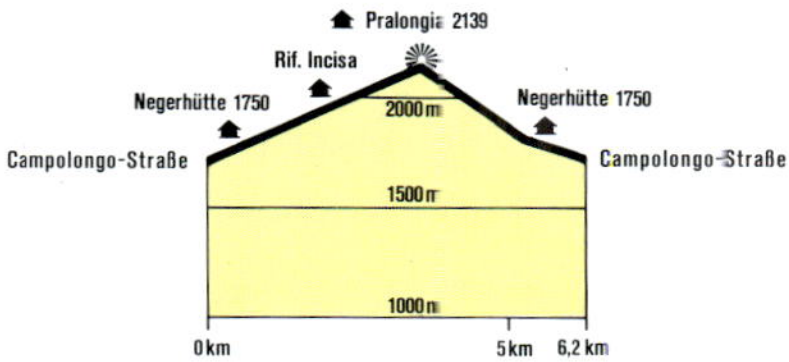

Ausgangspunkt: Corvara
Parken: Straße Campolongopaß
Höhenunterschied: 500 m
Wanderzeit: 4 Std.
Schwierigkeitsgrad: leicht!
Einkehr: mehrere Hütten
Karte: siehe Seite 112

Tourenverlauf: Diese Route steht nur als Vorschlag aus zahllosen Möglichkeiten, die sich einem Wanderer rund um Corvara bieten. Die zahllosen kleinen Kuppen und Erhebungen zwischen St. Kassian und Corvara reichen in Höhen um 2.000 m und bilden hervorragende Aussichtsplätze auf die rundum befindlichen klassischen Dolomitengruppen wie Puez-, Sella- und Marmoladagruppe. An der Campolongostraße befindet sich etwa 3 km außerhalb von Corvara beim Haus »Costes da l'ega« ein kleiner Parkplatz, von wo die Route begonnen werden kann. Wir folgen dem überdimensionalen Schild »Zur Negerhütte« und befinden uns nun auf der Schotterstraße, die uns zu dieser führt. Wir erblicken sie auch recht bald. Die Abkürzung querfeldein über die Wiese wird nicht empfohlen, da einige kleine Bäche den Weg sehr behindern. Oberhalb der Hütte biegt der Weg nach rechts, und über einen kurvenreichen, aber leicht begehbarer Steig erreichen wir nach 2 Stunden den breiten Pralongiakamm mit der Schutzhütte. Über den Weg Nr. 24 (schlecht markiert) steigen wir in nordwestliche Richtung unweit einer Lifttrasse ab zum La-Baita-Schutzhaus, das ausschließlich im Winter bewirtschaftet ist. Über einen unschweren Almsteig gelangen wir dann wieder zur Negerhütte und von hier zurück zu unserem Ausgangspunkt.

68 **Talwanderung:** Rautal

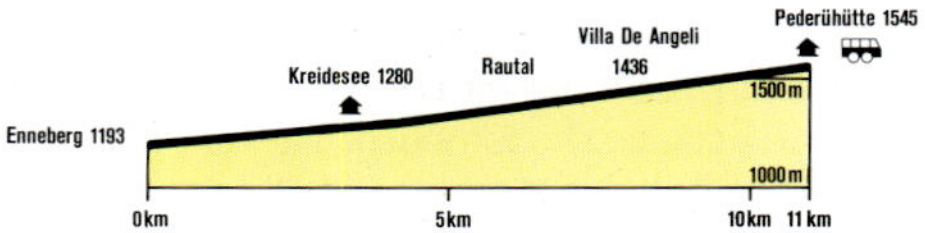

Ausgangspunkt: Enneberg
Parken: im Ort
Höhenunterschied: 350 m

Wanderzeit: 3½ Std.
Schwierigkeitsgrad: leicht!
Einkehr: Kreidesee, Pederü

Tourenverlauf: Das Rautal als Seitental des unteren Gadertales kann wohl als eines der malerischsten Dolomitentäler bezeichnet werden. Bedauerlicherweise hat dieser Umstand zu einer verkehrsmäßigen Erschließung bis Pederü und zu starker Touristenfrequenz geführt. Für den Wanderer abseits der Straße bleibt der Reiz des Tales doch fast vollständig erhalten. Von

Enneberg aus folgen wir der Beschilderung an der Asphaltstraße in südöstliche Richtung und befinden uns bald an der Straße ins Rautal. Zuerst begleitet uns der Bach, bald führt der Weg inmitten von Kiefernwäldern zur ersten Raststation, dem Restaurant am Kreidesee mit seiner kleinen Wasserfontäne und einigen Schwänen. Nun folgen wir dem Weg leicht ansteigend und gut markiert weiter. An beiden Talseiten beginnen nun die Gipfel und Felswände schroffer anzusteigen. Nach etwa einer halben Stunde verlieren wir an unserer Seite das Rauschen des Vigilbaches, der Rest des Tales ist relativ arm an Gewässern. Im letzten Viertel der Wanderungen weitet sich das Tal nochmals, und wir befinden uns im Weidegebiet unterhalb des schroffen, rötlich gefärbten Tammerfelsens, der 700 m senkrecht in die Höhe ragt. Über einen sehr ruhigen Steig erreichen wir die Pederühütte, von wo aus die Rückfahrt per Bus nach Enneberg angetreten werden kann.

69 **Bergtour:** Pederü – La Varella-Hütte – Heiligkreuzkofel, 2.908 m

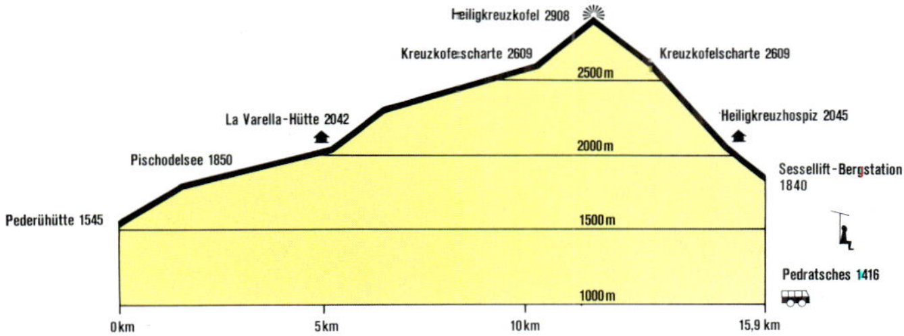

Ausgangspunkt: Zwischenwasser, Gadertal
Parken: Gabelung Nähe Bushaltestelle
Höhenunterschied: 1.530 m
Wanderzeit: 10 Std.

Schwierigkeitsgrad: schwierig! Nur für Geübte!
Einkehr: Pederü, La Varella-Hütte, Heiligkreuzhospiz
Karte: siehe Seite 114

Tourenverlauf: Diese Tour gehört sicher zu den schönsten Routen in den Dolomiten. Sie kann durch verschiedene Auf- oder Abstiegshilfen verlängert oder verkürzt werden. Als Ausgangspunkt sei Zwischenwasser bei der Weggabelung im Gadertal empfohlen, von hier aus kann per Bus bis zur Pederühütte im Talschluß des Rautales gefahren werden. In 2stündiger Wanderung spaziert man zur La Varella-Hütte. Zur Erleichterung und Verkürzung kann auch der Jeep-Taxidienst in Anspruch genommen werden. Als Zweitagestour geplant, wäre hier oder in der unweit gelegenen Faneshütte eine Nächtigung möglich. Wir wandern auf Weg Nr. 17 zuerst in westliche Richtung weiter, biegen dann rechts ab auf den Weg Nr. 7, der nun den langgezogenen, aber unschweren Anstieg zur 2.609 m hohen Kreuzkofelscharte bildet. Bereits hier bietet sich der traumhafte Blick hinab ins Gadertal sowie weit über die zahlreichen Gipfel des Dolomitennaturparks, in dessen Mitte wir uns ja befinden. Über den Südgrat erreichen wir dann auf Steigspuren den Gipfel. Für den Rückweg steigen wir wieder bis zur Kreuzkofelscharte ab und treten den Abstieg über den z. T. sehr steilen Weg Nr. 7 in nordwestliche Richtung zum Heiligkreuzhospiz an. Von hier dann weiter über den beschilderten Weg zum Sessellift, der uns talwärts nach St. Leonhard bringt. Von Pedratsches besteht Busverbindung nach Zwischenwasser.

70 **Bergtour:** Pederühütte – Senneshütte – Monte Sella di Sennes, 2.787 m – Krippestal – Kreidesee

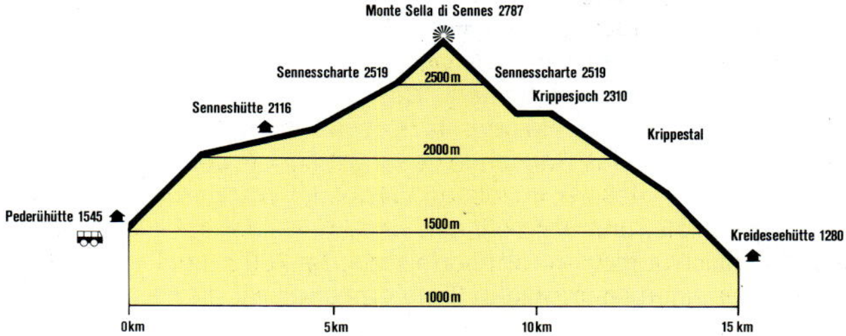

Ausgangspunkt: Kreidesee im Rautal
Parken: Kreideseehütte
Höhenunterschied: 1.537 m
Wanderzeit: 7½ Std.

Schwierigkeitsgrad: mittel!
Einkehr: Pederühütte, Senneshütte, Kreideseehütte, Obere, Untere Krippesalm
Karte: siehe auch Seite 114

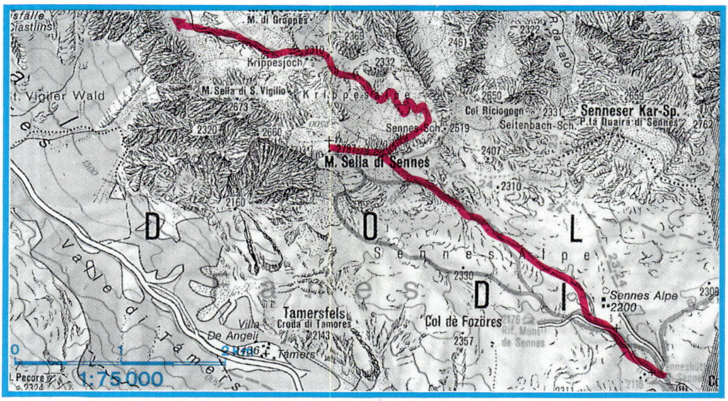

Tourenverlauf: Mit dem Bus gelangen wir von der Kreideseehütte zur im Talschluß gelegenen Pederühütte. Von der Pederühütte folgen wir dem Weg Nr. 7 auf den Col della Macchina und von dort zur Senneshütte. Nun wandern wir weiter Richtung Nordwesten über die Hochfläche der Sennesalpe, dann etwas steiler und felsiger auf dem markierten Steig über den Ostkamm hinauf zum Gipfel des Monte Sella di Sennes, 2.787 m. Wir genießen die herrliche Rundsicht über die schier zahllos wirkenden Dolomitengipfel und grünen Täler und steigen danach bis zur Sennesscharte, 2.519 m, ab. Hier biegen wir jedoch links auf den Weg Nr. 24 ab und wandern über den gut markierten Weg hinab zur Krippesalm und weiter zum Krippesjoch. Nun wird der Abstieg etwas steiler, wir schlendern nun dem Bach entlang weiter zur Oberen Krippesalm, von hier ist der Weg mit 25 markiert. Durch das einsame Krippestal erreichen wir die Untere Krippesalm. In einem schmäleren Taldurchbruch kommen wir an den Ciastlingswasserfällen vorbei, bevor wir im Talboden des Rautales wieder die Kreideseehütte erreichen.

Pfunderer Höhenweg

Pfunderer Höhenweg

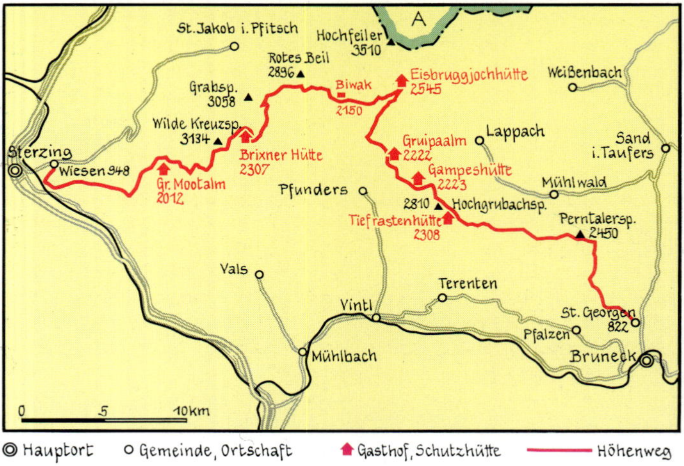

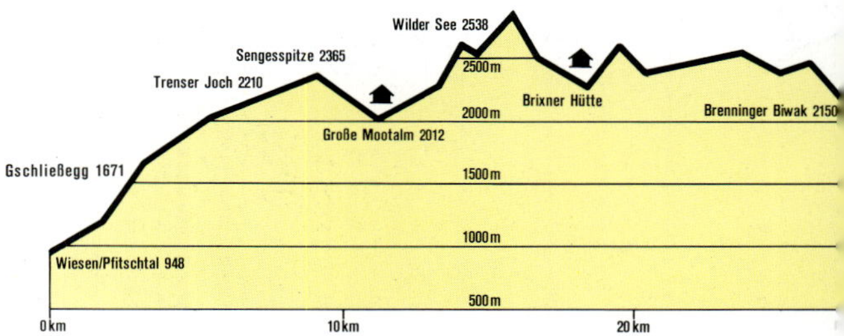

Gute Kondition und Orientierungssinn sind Voraussetzungen, um die sechstägige Höhenwanderung zum Erlebnis werden zu lassen. Der 1978 eröffnete Pfunderer Höhenweg zieht in durchschnittlich 2.000 Metern Höhe durch unberührte seenreiche Hochgebirgslandschaft.

1. Tag: Wiesen/Pfitschtal – Große Mootalm, 7 Std.
Vom Wiesner Hof (Orientierungstafel des Höhenweges) folgen wir der Markierung (weißer Punkt im roten Kreis) hinauf zur Ruine des Oberpirchhofes. Über den bewaldeten Kamm ersteigen wir das Gschließegg und bleiben nun auf der aussichtsreichen Höhe. An der im Wald liegenden Plitschalm (3 Std.) vorbei umgehen wir im großen Bogen den Höllenkragen und traversieren die obersten Hänge des Sengestals zu den Hütten am Trenser Joch. Noch steht der Anstieg auf die Sengesspitze bevor, ehe wir das Tagesziel, die 350 m tiefer gelegene Mootalm erreichen.

2. Tag: Mootalm – Rauhtaljoch – Brixner Hütte, 5 Std.
Von der gut geführten Alm wandern wir über die Sengesalpe dem Similekopf zu und folgen dem Sengesbach aufwärts. Östlich bietet das Sengesjöchl, 2.616 m, den Übergang zum Wilden See (Karsee), dessen Nordufer wir begleiten. Vor uns baut sich die 3.134 m hohe Wilde Kreuzspitze auf. Rechts liegt das Rauhtaljoch, 2.808 m. Von dort kann man in 1 Stunde den Gipfel ersteigen. Zum Joch zurückgekehrt schleifen wir durch den Firn »In die Pfann« hinab und bummeln über die Wiesen der Brixner Hütte zu.

3. Tag: Brixner Hütte – Brenninger Biwak, 7 Std.
Von der Hütte weg ziehen in bald scharfer Steigung die Markierungspunkte hinauf zur Steinkarlscharte und im Abstieg um die Rübespitz (Steinmann) dem Pfundersjoch zu. Etwa in 2.500 m Höhe queren wir die Weitenbergalm, bis wir unterhalb des Grindlersees am Fuß der Hohen Säge absteigen müssen. Über einer steilen Felszone erklimmen wir eine Verebnung mit Steinmann. Erneut gehen wir einen Talschluß aus und überschreiten die Dannelscharte, um danach zum weit sichtbaren Biwak ¼ Std. abzusteigen.

4. Tag: Brenninger Biwak – Eisbruggjochhütte, 4½ Std.
Vom Biwak hinauf zum Höhenweg und über die Geisscharte (Felsschlupf) zur Seilsicherung (Abstieg). Der bald folgende Blick auf den Eisbruggsee ist einer der Höhepunkte des Tages! Nächtigung in der Eisbruggjochhütte.

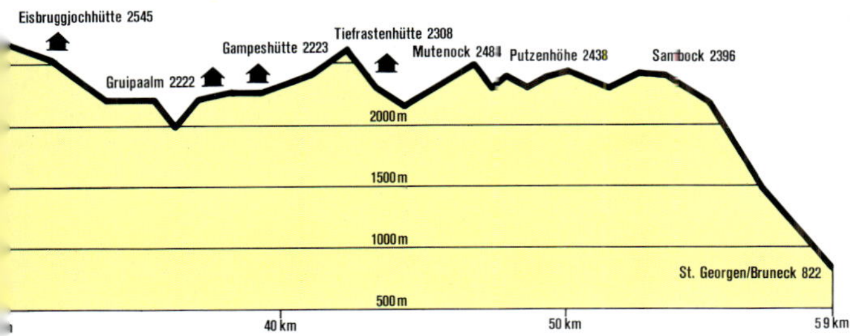

5. Tag: Eisbruggjochhütte – Tiefrastenhütte, 7 Std.
Eine Stunde lang verfolgen wir den Abstieg ins Pfunderer Tal, wechseln jedoch beim Wegweiser nach links zur Kuhscharte und weiter über steile Grasflanken zur Gruipaalm (einf. bew.). Mittagessen gibt es 1 Std. später bei der gleich hoch gelegenen Gampeshütte. Über Passenjoch, 2.408 m, ein großes Firnfeld und Hochsägescharte, 2.642 m, umrunden wir die Hochgrubachspitze, ehe wir zu der an einem idyllischen See gelegenen Tiefrastenhütte absteigen.

6. Tag: Tiefrastenhütte – St. Georgen/Bruneck, 8 Std.
Nach ½stündigem Abstieg überschreiten wir nahe einer Almhütte den Oberlauf des Winnebachs (Wasser nachfüllen!) und nehmen den Mutenock in Angriff. Zwischen Himmel und Erde spazieren wir über die zahlreichen Kammerhebungen zum Sambock (leichte Kletterei). Über die Platten (Kreuz) und die Jausenstation Kofler steigt man über die Kehrerhöfe nach St. Georgen nahe Bruneck ab.

Alpengasthöfe und Unterkunftshütten

Alle Angaben erfolgen ohne Gewähr! Bitte erfragen Sie vor Beginn der Wanderung im Talort die Bewirtschaftungszeit und erkundigen Sie sich, ob eine Übernachtungsmöglichkeit besteht!
Die Telefonnummern der wichtigsten Alpengasthöfe und Unterkunftshütten finden Sie auf Seite 127.

Zillertaler Alpen

Birnlückenhütte (Rif. Tridentina), 2.440 m, CAI-Sektion Bruneck, Post I-39030 Prettau, bewirtschaftet im Sommer, offener Winterraum. Zugänge: von der Trinksteinhütte (ehem. Finanzkaserne), 2½ Std.; von Kasern, 3 Std.; von der Trinksteinhütte über den Lausitzer Weg, 4½ Std.; von Krimml, 6½ Std. Übergänge: zur Warnsdorfer Hütte, 2 Std.; zur Neugersdorfer Hütte (nicht bewirtschaftet, nur Unterstand), 2 Std. Gipfel: Dreiherrenspitze, 3.499 m, 4 Std. (nur für Geübte mit Gletschererfahrung, Steigeisen, Pickel, Seil erforderlich!); Klockerkarkopf, 2.913 m, 2 Std. (mittel!).

Eisbruggjochhütte (Edelrautehütte, Rif. Ponte di Ghiaccio), 2.454 m, CAI-Sektion Brixen, Post I-39030 Pfunders-Vintl, bewirtschaftet im Sommer. Zugänge: von der Nevesalm (Lappach), 2 Std.; von Lappach, 4 Std.; von Pfunders/Dun, 3 Std. Übergänge: zur Hochfeilerhütte, 3 Std. (Gletscherquerung); zur Nevesjochhütte, 3 Std.; zur Brixner Hütte am Pfunderer Höhenweg, 10 Std.; zum Furtschaglhaus, 5 Std. (Gletscherquerung); zur Tiefrastenhütte (steile Grasflanken), 7 Std. Gipfel: Hoher Weißzint, 3.371 m, 3½ Std. (nur für Geübte!); Hochfeiler, 3.510 m, über die Untere Weißzintscharte, 2.928 m, 4 Std. (Gletscherquerung, Gipfelanstieg leicht!); Hochwartspitze, 3.055 m, 3 Std. (nur für Geübte!); Breitnock, 3.215 m, 4 Std. (nur für Geübte!); Napfspitze, 2.888 m, 1 Std. (Aussichtsberg, leicht!).

Gampeshütte, 2.223 m, privat, Post I-39030 Pfunders, bewirtschaftet im Sommer. Zugänge: von Pfunders, 3 Std.; von Unterlappach über das Passenjoch, 2.408 m, 3½ Std. Übergänge: zur Gruipaalm am Pfunderer Höhenweg, 2 Std.; zur Tiefrastenhütte über die Hochsägescharte, 2.642 m, 2 Std. Gipfel: Gamsburg, 2.810 m, 2 Std.

Hasentalalm, Jausenstation, 2.145 m, privat, Post I-39030 St. Peter in Ahrn, bewirtschaftet im Sommer. Zugang: von St. Peter in Ahrn am Fuldaer Weg, 3 Std. Übergang: nach Rein über die Weiße Wand, 3 Std. Gipfel: Weiße Wand, 2.517 m, 1 Std. (Aussichtsberg!); Ochsenlenke, 2.614 m, 1½ Std.

Kleine Philipp-Reuter-Hütte, 2.694 m, DAV-Sektion Essen, Post A-9963 St. Jakob in Defereggen. Selbstversorgerhütte (mit AV-Schlüssel zugänglich; dieser ist bei der Clara- oder Essener und Rostocker Hütte erhältlich). Zugang: von Hinterbichl, 2½ Std. Übergang: zur Lenkjöchlhütte, 2½ Std. Gipfel: Rötspitze, 3.495 m, 3½ Std. (Gletschertour, nur für Geübte!).

Lahneralm, Jausenstation, 1.979 m, privat, Post I-39030 Prettau, im Sommer bewirtschaftet. Zugang: von Kasern, 1 Std. Übergang: zur Birnlückenhütte, 1½ Std.

Lenkjöchlhütte (Rif. Giogo Lungo), 2.590 m, CAI-Sektion Bruneck, Post I-39030 Prettau, bewirtschaftet im Sommer. Zugänge: von Kasern durch das Windtal, 3½ Std.; von Kasern durch das Röttal, 3 Std. Übergang: zur Clarahütte über das Vordere Umbaltörl, 3 Std. Gipfel: Rötspitze, 3.495 m, 3 Std. (nur für Geübte, Gletschertour!); Dreiherrenspitze, 3.499 m, 4½ Std. (Gletschertour); Roßhuf, 3.199 m, 2½ Std. (mittel!).

Michlreiseralm, 1.958 m, am Speikboden, privat, Post I-39030 Sand in Taufers, bewirtschaftet während der Betriebszeiten des Liftes. Schi- und Wandergebiet.

Nevesjochhütte (Chemnitzer Hütte, Rif. G. Porro), 2.420 m, CAI-Sektion Mailand, Post I-39030 Luttach, bewirtschaftet im Sommer. Zugänge: von Luttach/Weißenbach, 3 Std.; von Lappach/Nevesalm, 1½ Std. Übergänge: zur Eisbruggjochhütte, 3 Std.; zur Schwarzensteinhütte, 6 Std. (nur für Geübte, Eis- und Felserfahrung nötig!); zum Furtschaglhaus über den Nevessattel, 5 Std. (Gletschertour!); zur Michlreiseralm am Speikboden, 6 Std. (Gratwanderung!). Gipfel: Pfaffennock, 2.973 m, 2 Std. (leicht!); Turnerkamp, 3.418 m, 4 Std. (Gletschertour!); Möseler, 3.478 m, 3½ Std. (Gletschertour!).

Schwarzensteinhütte (Rif. Vittorio Veneto), 2.922 m, CAI-Sektion Vittorio Veneto, Post I-39030 Luttach, bewirtschaftet im Sommer. Zugänge: von Oberluttach durch das Rotbachtal, 5½ Std. (ausgesetzter Anstieg!); vom Großstahlhof, 4½ Std.; von St. Johann im Ahrntal, 5½ Std. (nur für Geübte!). Übergänge: zur Berliner Hütte, 4 Std. (Gletschertour!); zur Greizer Hütte, 2½ Std. (spaltenreicher Gletscher!); zur Nevesjochhütte, 5½ Std. (Ausdauer erforderlich, teils nur Wegspuren!). Gipfel: Schwarzenstein, 3.368 m, 1½ Std. (Gletschertour!); Westliche Floitenspitze, 3.194 m, 1 Std. (Grattour!); Großer Löffler, 3.376 m, 4 Std. (spaltenreicher Gletscher!).

Tiefrastenhütte (Fritz-Walde-Hütte, Rif. Lago di Pausa), 2.308 m, AVS-Sektion Brixen, Post I-39030 Terenten, bewirtschaftet im Sommer, offener Winterraum. Zugänge: von Ast, Zufahrt ins Winnebachtal, 2 Std.; von Pfunders, 6 Std. (mühsam). Übergänge: zur Eisbruggjochhütte, 7 Std. (lange Kammwanderung). Gipfel: Hochgrubachspitze, 2.810 m, 1½ Std. (leicht!); Reisenock, 2.663 m, 1½ Std. (mittel!); Eidechsspitze, 2.738 m, 2 Std. (Aussichtsberg, mittel!).

Rieserfernergruppe

Enzian-Hütte, 1.650 m, am Antholzer See, privat, Post I-39030 Antholz, bewirtschaftet im Sommer. Campingplatz beim Haus. Zugänge: mit Kfz erreichbar; von Antholz, 2 Std.; vom Defereggental über den Stallersattel, bis hier her auch mit Kfz. Übergänge: zur Neuen Barmer Hütte, 2.610 m, über die Riepenscharte, 2.764 m, 4½ Std. (mittel); zur Oberseehütte, 2.015 m, 1½ Std. Gipfel: Hochgall, 3.435 m, bis zum Riepboden, von dort links zur Schwarzen Scharte, 2.972 m, Abstieg auf den Rieserferner bis zum Anstiegsweg, der von der Hochgallhütte kommt, diesem nun nach rechts folgend über den Nordwestgrat zum Gipfel, 6 Std. (nur für Geübte mit Führer, schwierige alpine Hochtour, sehr lohnend); Wildgall, 3.272 m über die Schwarze Scharte, 6 Std. (schwierige alpine Tour, nur für Geübte mit Führer, lohnend); Kleine Ohrenspitze, 2.938 m, über die Riepenscharte, 2.764 m, 4 Std. (nur für Geübte); Große Ohrenspitze, 3.101 m, 5 Std. (nur für Geübte); Rotwand, 2.817 m, über den Stallersattel, 2.052 m, 4 Std. (nur für Geübte); Regelspitze, 2.775 m, über den Stallersattel, 2.052 m, 4 Std. (mittel); Hinterbergkofl, 2.727 m, über den Stallersattel, 4 Std. (mittel).

Grentenalm, 2.002 m, privat, Post I-39030 Rasen-Antholz, bewirtschaftet im Sommer. Zugang: von Rasen, 2½ Std. Übergang: zur Rieserfernerhütte durch das obere Wielental, 5 Std. Gipfel: Raingrube, 2.352 m, 1 Std. (leicht!); Rammelstein, 2.483 m, 1½ Std. (Aussichtsberg, Gratkletterei).

Hochgallhütte (Kasseler Hütte, Rif. Roma), 2.274 m, CAI-Sektion Rom, Post I-39030 Rein, bewirtschaftet im Sommer. Skitourengebiet. Zugänge: von Rein, 2 Std. (Rucksacktransport möglich); von Antholz, 6 Std. (Gletscherquerung). Übergänge: zur Rieserfernerhütte, 4 Std. (Hochtour); zur Barmer Hütte, 5 Std. (nur für Geübte!).

Oberseehütte (Stallerseehütte), 2.084 m, am Obersee am Stallersattel, privat, Postltz.: A-9963 St. Jakob, bewirtschaftet im Sommer. Der Grenzübergang Antholzer Tal ist für Pkw im Sommer geöffnet, nicht jedoch für Wohnwagen und Busse! Zugänge: mit Kfz bis Stallersattel; von St. Jakob, 4 Std.; von Erlsbach, 2 Std. Übergänge: Neue Barmer Hütte, 2.610 m, 4 Std. (mittel, Gletschertour); Gasthof Enzian, 1.650 m, 1 Std. Gipfel: Almer Horn, 2.986 m (Weg Nr. 325), 3 Std. (nur für Geübte); Hinterbergkofl, 2.727 m, 2½ Std. (mittel); Regelspitze, 2.775 m, 3 Std. (mittel); Rotwand, 2.817 m, 3 Std. (mittel).

Rieserfernerhütte (Hans-Forcher-Mayr-Hütte), 2.792 m, AVS-Sektion Bozen, Post I-39030 Antholz-Mittertal, bewirtschaftet im Sommer, offener Winterraum (20 Plätze). Zugänge: von Mittertal, 4 Std.; vom Reintal (Seeber), 3½ Std.; von Mühlbach/Gais, 5 Std. Übergang: zur Hochgallhütte über das Fernerköpfl, 3.249 m, 4 Std. (Gletschertour!). Gipfel: Ruthner Horn, 3.358 m, über das Fernerköpfl, 2½ Std. (nur für Geübte!); Schwarze Wand, 3.105 m, 1½ Std (mittel!); Magerstein, 3.273 m, 2 Std. (Felsgrat, Aussichtsberg, mittel!).

Dolomiten

Alpenflora, Gasthof (Flora Alpina, Ristorante), 1.420 m, am Dürrensee, privat, Post I-39034 Toblach, bewirtschaftet im Sommer. Zugang: mit Kfz erreichbar. Übergänge: zur Drei-Zinnen-Hütte durch das Rienztal (Weg Nr. 102), 2 Std.; zum Wirtshaus Plätzwiese auf dem Fahrweg, 2 Std. Gipfel: Monte Piano, 2.321 m (Schlachtfeld des Ersten Weltkriegs); vom Dürrensee über die Nordwestflanke (Weg Nr. 6), 2 Std. (nur für Geübte).

Brückele, Alpengasthof, 1.491 m, privat, Post I-39039 Niederdorf, ganzjährig bewirtschaftet. Zugang: mit Kfz erreichbar. Übergang: zur Seekofelhütte über die Roßhütte und das Kar »Ofen« (zuerst Weg Nr. 4, dann im »Ofen« Weg Nr. 3 und der Dolomiten-Höhenweg Nr. 1), 3¼ Std. Gipfel: Großer Roßkofl, 2.559 m, über die Postmeisteralpe und das Thörl (bis dort Weg Nr. 29), 3 Std. (mittel).

Brunecker Haus, 2.265 m, AVS, Post I-39031 Bruneck, ganzjährig während der Betriebszeiten der Kabinenbahn bewirtschaftet. Zugänge: von Bruneck mit der Kabinenseilbahn; von Enneberg im Sommer mit Kfz erreichbar. Übergänge: zum Kronplatzhaus, wenige Minuten; zum Furkelhaus, ¾ Std.

Büllelejochhütte, (Rif. Pian di Cengia), 2.528 m, privat, Post I-39030 Sexten, bewirtschaftet im Sommer. Zugänge: vom Talschluß des Fischleintales über das Rif. Zsigmondy-Comici, 2¾ Std.; von der Casera della Crosera im Valle Marzon bei Auronzo (bis dort mit Kfz), 3 Std. Übergänge: zum Rif. Zsigmondy-Comici, ¾ Std.; zur Drei-Zinnen-Hütte (Weg Nr. 101), 1 Std.; zum Rif. Lavaredo und zur Auronzohütte (Weg Nr. 104), 1½ Std. Gipfel: Oberbachernspitze, 2.675 m, ¾ Std. (mittel).

Cimabanche, Albergo, 1.529 m, Im Gemärk, privat, Post I-32043 Cortina d'Ampezzo. Zugang: mit Kfz erreichbar. Übergang: zum Wirtshaus Plätzwiese durch das Knappenfußtal, 2 Std.

Dreischusterhütte (Rif. Tre Scarperi),1.617 m, AVS, Post I-39030 Sexten, bewirtschaftet im Sommer. Zugang: von der Lanzinger Säge, 1½ Std. Übergang: zur Drei-Zinnen-Hütte (Weg Nr. 105), 3 Std. Gipfel: Hochebenkofel, 2.904 m, über die Lückelescharte 3½ Std. (mittel!); Haunold, 2.966 m, 4 Std. (mittel, mühsam!).

Drei-Zinnen-Hütte (Rif. Locatelli alle Tre Cime), 2.438 m, CAI, Post I-39030 Sexten, bewirtschaftet im Sommer. Zugänge: vom Talschluß des Fischleintales (Weg Nr. 102), 2½ Std.; von Höhlenstein/Landro (Weg Nr. 102), 3½ Std. Übergänge: zum Rif. Lavaredo und zur Auronzohütte über den Paternsattel, 1 bzw. 1½ Std.; zur Büllelejochhütte (Weg Nr. 101), 1 Std.; zum Rif. Zsigmondy-Comici über die Büllelejochhütte und das Oberbachernjoch (Weg Nr. 101), 1¾ Std. Gipfel: Schusterplatte, 2.957 m, 2¼ Std. (mittel, lohnend!).

Dürrensteinhütte (Rif. Vallandro), 2.040 m, privat, Post I-39034 Toblach, ganzjährig bewirtschaftet. Zugänge: vom Gasthaus Plätzwiese (bis dort mit Kfz), ¾ Std.; von Schluderbach auf alter Militärstraße (Weg Nr. 37), 1½ Std. Übergänge: nach Niederdorf und Toblach auf dem Dolomiten-Höhenweg Nr. 3, 6 Std.; zum Alpenflora am Dürrensee, 2 Std. Gipfel: Dürrenstein, 2.839 m, 2 Std.

Faneshütte (Rif. Fanes), 2.042 m, privat, Post I-39030 St. Vigil, bewirtschaftet im Winter und Sommer. Zugänge: von St. Vigil mit Kfz erreichbar; von Wengen auf Weg Nr. 13, 4 Std.; von Peutelstein durch das Fanestal und über das Limojoch, 4 Std. Übergänge: zum Rif. Pederü auf dem Dolomiten-Höhenweg Nr.1, 1 Std.; zum Rif. La Varella, wenige Min.; zum Heiligkreuzhospiz über die Kreuzkofelscharte (Weg Nr. 7), 3½ Std. (nur für Geübte!). Gipfel: Heiligkreuzkofel, 2.908 m, 3 Std. (mittel).

Fodara-Vedla, Rif., 1.966 m, privat, Post I-39030 St. Vigil, bewirtschaftet im Frühjahr und Sommer. Zugänge: vom Rif. Pederü (bis dort mit Kfz), 1¼ Std.; von Peutelstein über die Ra-Stua-Alpe, 2½ Std. Übergänge: zur Senneshütte, ¾ Std.; zur Seekofelhütte, 1¼ Std. Gipfel: Lavinòres, 2.460 m, 1½ Std. (mittel).

Furkelhaus (Rif. Furcia), 1.737 m, privat, Post I-39030 St. Vigil, ganzjährig bewirtschaftet. Zugang: mit Kfz erreichbar. Übergang: zum Brunecker Haus und zum Kronplatzhaus, 1½ Std. Gipfel: Kronplatz, 2.277 m, 1½ Std. (leicht); Piz da Peres, 2.507 m, über die Dreifingerscharte, 2 Std. (mittel).

Haunoldhütte (Rifugio Rocca dei Baranchi), 1.499 m, privat, Post I-39038 Innichen, zeitweise bewirtschaftet. Zugang: von Innichen mit dem Sessellift. Gipfel: Haunoldköpfl, 2.158 m (Weg Nr. 7), 2 Std. (leicht); Gantraste, 2.130 m (Weg Nr. 6), 2 Std. (leicht).

Heiligkreuzhospiz (Ospizio di Santa Croce), 2.045 m, privat, Post I-39036 Pedratsches, bewirtschaftet im Winter und Sommer. Zugang: von der Bergstation des Heiligkreuz-Gondellifts, ½ Std. Übergänge: nach Wengen (Weg Nr. 15), 3 Std.; zur Faneshütte und zum Rif. La Varella über die Kreuzkofelscharte (Weg Nr. 7), 3½ Std. (nur für Geübte). Gipfel: Heiligkreuzkofel, 2.908 m, über die Kreuzkofelscharte, 3 Std. (nur für Geübte).

Kronplatzhaus (Rif. Plan di Corones), 2.245 m, CAI, Post I-39031 Bruneck, ganzjährig bewirtschaftet. Zugänge: von Bruneck mit Kabinenseilbahn; von Enneberg im Sommer mit Kfz erreichbar. Übergang: zum Furkelhaus, ¾ Std.

La Miara, 1.486 m, privat, Post I-39030 St. Vigil in Enneberg, ganzjährig bewirtschaftet. Zugänge: von St. Vigil, 1 Std.; vom Furkelsattel (Weg Nr. 1), ¾ Std. Übergang: nach Olang (Wege Nr. 1 u. 3), 2¾ Std. Gipfel: Kronplatz, 2.277 m, 2¼ Std. (leicht); Piz da Peres, 2.507 m, auf Weg Nr. 12 (mittel), 3 Std.; über die Dreifingerscharte auf Weg Nr. 3 (mittel), 2¾ Std.

Lavaredo, Rif., 2.344 m, privat, Post I-32043 Cortina d'Ampezzo, bewirtschaftet im Sommer. Zugang: mit Kfz erreichbar (Mautstraße). Übergänge: zur Auronzohütte, ½ Std.; zur Drei-Zinnen-Hütte über den Paternsattel, 1 Std.; zum Rif. Zsigmondy-Comici über das Oberbachernjoch, 2 Std.; zur Büllelejochhütte, 1½ Std.

La Varella, Rif., 2.042 m, privat, Post I-39030 St. Vigil, bewirtschaftet im Sommer. Zugänge: mit Kfz erreichbar oder zu Fuß vom Rif. Pederü, 1¾ Std.; von Peutelstein über das Limojoch, 4 Std. Übergänge: nach Wengen über das Fanesjoch (Weg Nr. 13), 3¾ Std.; zum Heiligkreuzhospiz über die Kreuzkofelscharte (Weg Nr. 7), 3½ Std. (nur für Geübte!). Gipfel: Heiligkreuzkofel, 2.908 m, 3 Std. (mittel!).

Ospitale, Bar Ristorante (Hospiz St. Blasius), 1.474 m, privat, Post I-32043 Cortina d'Ampezzo, ganzjährig geöffnet. Zugang: mit Kfz erreichbar. Übergang: zur Ra-Stua-Alpe, 2 Std. Gipfel: Monte Cadin, 2.367 m, 2½ Std. (mittel, Kriegsstellungen).

Pederü, Rif., 1.545 m, privat, Post I-39030 St. Vigil, bewirtschaftet im Winter und Sommer. Zugang: mit Kfz erreichbar. Übergänge: zur Faneshütte und zum Rif. La Varella auf dem Dolomiten-Höhenweg Nr. 1, ¾ Std.; zur Senneshütte und zur Seekofelhütte auf dem Dolomiten-Höhenweg Nr. 1, 1½ bzw. 2½ Std.; zum Rif. Fodara-Vedla, 1¼ Std.

Plätzwiese, Wirtshaus (Albergo Prato Piazza), 1.993 m, privat, Post I-39030 Prags, bewirtschaftet im Sommer. Zugang: mit Kfz erreichbar. Übergang: zur Seekofelhütte über die Roßhütte und das Kar »Ofen« (Weg Nr. 3, ab »Ofen« Dolomiten-Höhenweg Nr. 1), 4 Std.. Gipfel: Dürrenstein, 2.839 m (Weg Nr. 40), 2 Std. (mittel).

Pragser Wildsee (Hotel), 1.494 m, privat, Post I-39030 Prags, bewirtschaftet im Sommer. Zugang: mit Kfz erreichbar. Übergänge: zur Seekofelhütte (Dolomiten-Höhenweg Nr. 1), 2½ Std.; zum Wirtshaus Brückele (Dolomiten-Höhenweg Nr. 1 bis ins »Nabige Loch«, dann Weg Nr. 4), 4 Std. Gipfel: Seekofel, 2.810 m, über die Seekofelhütte, 3½ Std. (nur für Geübte).

Ra-Stua-Alpe, 1.695 m, privat, Post I-32043 Cortina d'Ampezzo, bewirtschaftet im Sommer. Zugänge: von Peutelstein (Weg Nr. 6), 2 Std.; vom Rif. Pederü (bis dort mit Kfz), 2¼ Std. Übergänge: zum Rif. Fodara-Vedla, 1½ Std.; zur Seekofelhütte, 3 Std. Gipfel: Monte Cadin, 2.367 m, über die Forcella di Lerosa, 2 Std. (mittel).

Rotwandwiesenhütte, 1.924 m, privat, Post I-39030 Sexten-Moos, bewirtschaftet im Winter und Sommer. Zugang: von Bad Moos mit dem Lift oder zu Fuß, ¾ Std. Übergänge: zum Rif. Berti über den Passo della Sentinella (Anderteralpenscharte), 4½ Std. (nur für Geübte!); zum Rif. Zsigmondy-Comici über den Passo della Sentinella auf dem Alpinisteig, 5½ Std. (nur für Geübte!).

Schluderbach-Alpenhotel, 1.437 m, privat, Post I-39034 Toblach. Zugang: mit Kfz erreichbar. Übergänge: zum Rif. Monte Piana durch das Val Popena bassa, 2½ Std.; zum Wirtshaus Plätzwiese auf dem Fahrweg, 2 Std. Gipfel: Monte Piana, 2.257 m, über die Forcella dei Castrati (Weg Nr. 6), 2½ Std. (mittel!).

Seekofelhütte (früher Egerer Hütte, Rif. Biella), 2.327 m, CAI, Post I-39039 Niederdorf, bewirtschaftet im Sommer. Zugänge: vom Pragser Wildsee auf dem Dolomiten-Höhenweg Nr. 1, 2½ Std.; vom Rif. Pederü (bis dort mit Kfz) auf dem Dolomiten-Höhenweg Nr.1, 2½ Std.; vom Wirtshaus Brückele über die Roßhütte und das Kar »Ofen« (zuerst Weg Nr. 4, dann »Ofen« Weg Nr. 3 und Dolomiten-Höhenweg Nr. 1), 3¼ Std.; vom Wirtshaus Plätzwiese über die Roßhütte und das Kar »Ofen« (Weg Nr. 3, dann ab »Ofen« Dolomiten-Höhenweg Nr. 1), 4 Std. Übergänge: zur Senneshütte auf dem Dolomiten-Höhenweg Nr. 1, ¾ Std.; zum Rif. Fodara-Vedla, 1½ Std. Gipfel: Seekofel, 2.810 m, 1 Std. (nur für Geübte!).

Senneshütte, 2.116 m, privat, Post I-39030 St. Vigil, bewirtschaftet im Sommer und Winter. Zugänge: vom Rif. Pederü (bis dort mit Kfz) auf dem Dolomiten-Höhenweg Nr. 1, 1½ Std.; von Peutelstein über die Ra-Stua-Alpe, 2¼ Std. Übergänge: zum Rif. Fodara-Vedla, ¾ Std.; zur Seekofelhütte auf dem Dolomiten-Höhenweg Nr. 1, 1 Std. Gipfel: Monte Sella di Sennes, 2.787 m, 2 Std. (mittel).

Talschlußhütte (Capanna Fondo Valle), 1.540 m, privat, Post I-39030 Sexten, bewirtschaftet im Sommer. Zugang: mit Kfz erreichbar. Übergänge zur Drei-Zinnen-Hütte (Weg Nr. 102), 2½ Std.; zum Rif. Zsigmondy-Comici (Weg Nr. 103), 2 Std.

Zsigmondy-Comici, Rif., 2.235 m, CAI, Post I-39030 Sexten, bewirtschaftet im Sommer. Zugang: vom Talschluß des Fischleintales, 2 Std. Übergänge: zum Rif. Berti über den Alpinisteig und den Passo della Sentinella (Anderteralpenscharte), 5 Std. (nur für Geübte!); zum Rif. Carducci über die Forcella Giralba, 1¼ Std.; zum Rif. Lavaredo über das Oberbachernjoch, 2½ Std.; zur Büllelejochhütte, ¾ Std.; zur Drei-Zinnen-Hütte über das Oberbachern- und Büllelejoch, 2¼ Std. Gipfel: Hochbrunnerschneid (Monte Popera), 3.046 m, 3 Std. (nur für Geübte!).

„Zum Rudi", Unterkunftshütte (Ristorante da Rudi), ca. 1.800 m, privat, Post I-39030 Sexten, in unmittelbarer Nähe der Rotwandwiesenhütte, weiteres siehe dort.

Karnische Alpen (Helm-Gebiet)

Hahnspielhütte (Rif. Gallo Cedrone), 2.150 m, privat, Post I-39030 Sexten-St. Veit, bewirtschaftet im Sommer. Zugang: mit Kfz erreichbar oder von Sexten zu Fuß, 3 Std. Gipfel: Helm, 2.433 m, 1 Std. (leicht).

Panorama, Gasthof, ca. 2.050 m, am Mitterberg, privat, Post I-39030 Sexten, ganzjährig geöffnet. Zugang: mit Kfz erreichbar. Gipfel: Helm, 2.433 m, 2 Std. (leicht).

Kreuzkofelgruppe und Pralongiagruppe

Alpinahütte (Capanna Alpina), 1.726 m, privat, bewirtschaftet im Sommer. Zugang: von St. Kassian, 1¼ Std. Übergänge: zur Faneshütte, 3½ Std.; zum Rifugio Scotoni, 1 Std.

Armentarola Hotel, 1.630 m, privat, ganzjährig bewirtschaftet. Zugang: von St. Kassian, ½ Std. Übergänge: zur Faneshütte, 4 Std.; zum Falzaregopaß über Valparola, 3 Std., oder über Rifugio Scotoni, 4½ Std.; zum Rifugio Pralongia, 1½ Std.

Ferrante G. Rifugio, 1.983 m, privat, bewirtschaftet im Winter und Sommer. Zugang: mit dem Sessellift von Corvara, zu Fuß, ca. 1 Std. Übergang: zum Rifugio Pralongia, 1 Std.

La-Brancia-Hütte (Rifugio La Brancia), 2.030 m privat, bewirtschaftet im Sommer. Zugang: Sessellift von St. Kassian.

Negerhütte (Rifugio Nera), 1.750 m, privat, ganzjährig bewirtschaftet. Zugang: von Corvara, 1 Std.

Piz-La-Villa-Hütte (Rifugio Piz La Villa), 2.077 m, privat. Zugang: von Corvara, 1½ Std. Übergang: zu den Hütten auf der Sorega-Hochfläche, 1 Std.

Piz Sorega Rifugio, 2.003 m, privat, ganzjährig bewirtschaftet. Zugang: Sessellift von St. Kassian.

Pralongia Rifugio, 2.139 m, privat, bewirtschaftet im Winter und Sommer. Zugänge: von Corvara, 2½ Std.; von St. Kassian, 2¼ Std. Übergänge: zum Rifugio G. Ferante, 1 Std.; zum Rifugio Valparola, 1½ Std.

Telefon- und Faxnummern der Tourismusvereine

	Telefon	Fax
Abtei - Stern	0471/847037	847277
Ahrntal - Luttach - Weißenbach	0474/671136	671666
Bruneck	0474/555722	555544
Corvara	0471/836176	836540
Enneberg: siehe St. Vigil in Enneberg		
Gais	0474/504220	504220
Gsies	0474/978436	978226
Innichen	0474/913149	913677
Kiens	0474/565245	565611
Kolfuschg	0471/836145	836744
Lappach	0474/685013	
Mühlwald	0474/653220	653220
Niederdorf	0474/745136	745283
Olang	0474/496277	498005
Pedratsches	0471/839695	839573
Percha	0474/401155	401155
Pfalzen	0474/528159	528413
Prags	0474/748660	748660
Prettau	0474/654188	654299
Rasen - Antholz	0474/496269	498099
Sand in Taufers	0474/678076	678922
Sexten	0474/710412	710318
St. Johann	0474/671257	671744
St. Kassian	0471/849422	849249
St. Lorenzen	0474/474092	474106
St. Martin in Thurn	0474/523175	523474
St. Vigil in Enneberg	0474/501037	501566
Steinhaus	0474/652198	652491
Taisten	0474/950000	950066
Terenten	0472/546140	546340
Toblach	0474/972132	972730
Vintl	0472/869100	869260
Welsberg	0474/944118	944599
Wengen	0471/843072	843277

Telefonnummern der wichtigsten Alpengasthöfe und Unterkunftshütten

Zillertaler Alpen

Birnlückenhütte 0474/654140
Eisbruggjochhütte 0474/653230
Lenkjöchlhütte 0474/654114 + 630156
Nevesjochhütte 0474/653244
Schwarzensteinhütte 0474/671160
Tiefrastenhütte 0474/554999

Rieserfernergruppe

Hochgallhütte 0474/672550
Oberseehütte 0663/9681098
Rieserfernerhütte 0474/492125

Dolomiten

Brunecker Haus 0474/553580
Büllelejochhütte 0474/710258
Dreischusterhütte 0474/966610
Drei-Zinnen-Hütte 0474/972002
Dürrensteinhütte 0474/972505
Faneshütte 0474/501097
Fodara-Vedla, Rif. 0474/501093
Furkelhaus 0474/501995
Haunoldhütte 0474/913602
Heiligkreuzhospiz 0471/839632
Kronplatzhaus 0474/554836
La Varella, Rif. 0474/501079
Pederü, Rif. 0474/501086
Plätzwiese 0474/748650
Rotwandwiesenhütte 0474/710241
Seekofelhütte 0436/866991 + 0474/745119
Senneshütte 0474/501092
Talschlußhütte 0474/710288
Zsigmondy-Comici, Rif. 0474/710358

Alle Angaben ohne Gewähr!

Alpines Notsignal: Sechsmal *innerhalb einer Minute in regelmäßigen Zeitabständen ein sichtbares oder hörbares Zeichen geben und hierauf eine Pause von einer Minute eintreten lassen. Das gleiche wird wiederholt, bis Antwort erfolgt.*

Antwort: *Innerhalb einer Minute wird* ***dreimal*** *in regelmäßigen Zeitabständen ein sichtbares oder hörbares Zeichen gegeben.*